张继明·著

六力营销

成功品牌的系统解码

华夏智库
金牌培训师
书系

中国财富出版社

图书在版编目（CIP）数据

六力营销：成功品牌的系统解码／张继明著．—北京：中国财富出版社，2015.6

（华夏智库·金牌培训师书系）

ISBN 978－7－5047－5652－7

Ⅰ.①六…　Ⅱ.①张…　Ⅲ.①品牌营销　Ⅳ.①F713.50

中国版本图书馆CIP数据核字（2015）第078208号

策划编辑　黄　华　　　**责任印制**　方朋远

责任编辑　邢有涛　单元花　　　**责任校对**　梁　凡

出版发行　中国财富出版社

社　　址　北京市丰台区南四环西路188号5区20楼　　**邮政编码**　100070

电　　话　010－52227568（发行部）　　010－52227588转307（总编室）

　　　　　　010－68589540（读者服务部）　　010－52227588转305（质检部）

网　　址　http：//www.cfpress.com.cn

经　　销　新华书店

印　　刷　北京京都六环印刷厂

书　　号　ISBN 978－7－5047－5652－7/F·2358

开　　本　710mm×1000mm　1/16　　**版　　次**　2015年6月第1版

印　　张　15.5　　**印　　次**　2015年6月第1次印刷

字　　数　230千字　　**定　　价**　38.00元

前 言

为什么中国企业很难基业常青

中国的企业大多有三大梦想：百年老店、国际品牌、世界500强。这三大梦想归结起来是一句话：活得久，活得好，活得有名气！而一个不争的事实是，在中国，企业的平均寿命仅为2.9年！连活得久的温饱问题都有待解决，更遑论活得好的小康标准？对于产品和企业来说，活得久是品质的证明，活得好是实力的证明，然而，商海沉浮，在多少产品和企业来也匆匆、去也匆匆之后，我们不由感慨：为什么中国企业很难基业常青？

正常情况下，中国的老板们有着一个企业发展的5步梦想：

新品上市当年大赢利→产品永续经营、业绩年年高升→上市融资，获得社会认同→品牌影响扩大，业务链拓展→企业基业常青，打造百年品牌！在老板的眼中，没有做不好的事，只有做不好事的人，然而，骨感的现实却让老板们遭遇了当头棒喝，尤其是医药健康行业，深受政策环境影响，随着医改进入“深水区”，同质化竞争中同行的挤压加剧，企业老板本就急功近利的心态自然导致了决策过程的忙中错乱，重战术、轻战略、过度依赖营销、营销团队倒戈或者流失、创新思维落伍、品牌老化无生机……冗杂的问题接踵而至，在老板们茫然无措之时，消费者却一副你不换思想，我就换品牌的无情姿态。如何基业常青？成为了老板们回避不了的课题！

1. 业绩做不大的根本原因

方向不明确、产品无差异、定位不精准、执行力不强、传播没力度、品牌在老化……这些都是企业在不同阶段可能面临的营销难题。营销是个系统工程，单靠点子解决不了根本问题，我们必须借助系统营销工具望、闻、问、切，找出问题的关键点，审时度势，对症下药，方可万无一失。

（1）决策方向失误

运筹帷幄之中，决胜千里之外。企业领导层的意识形态与战略规划思想，在某种程度上决定了企业与产品的成败。只有理性分析，精确评估，科学决策，才能规避投资风险，创造赢利机会。如果决策方向失误，就像一艘在大海上迷失方向的帆船，易误入歧途。

（2）产品自身隐患

产品本身就是竞争力、销售力。产品由内涵与外延构成，产品内涵是策划、创意、营销的根本。如果产品内涵不足，不管其外延表现多么好、策划多么成功，也必然经不住市场的检验，最终会被市场淘汰出局。

（3）策划能力不精

企业策划能力也是产品的核心要素，好的策划可四两拨千斤，使营销推广事半功倍。很多企业自己具备专职的策划团队，但由于多种原因或创意上、或策略上存在不足，往往不能获得更好的绩效。策划资源不足，也会导致投入大、产出小，或者效率低，必然会影响市场推进速度，导致“赔了夫人又折兵”的不良后果。因此，策划思维不同，策划资源不同，结果可能是天壤之别。

（4）执行能力不强

没有执行能力，营销方案再好也徒劳。没有一支专业高效的营销团队，没有很好的网络销售渠道，没有行之有效的管理措施，再好的方案也是纸上谈兵。发挥团队的力量，整合优势资源，注重细节，然后贯彻落实，这是营销执行的关键。

(5) 传播力不到位

没有传播就没有品牌，品牌是广告“砸”出来的！瞄准目标，集中兵力，精确打击，整合传播，威力就如隔山打牛。传播力是六力营销的推动力。没有传播，就没有品牌；没有传播，就无法“亮剑”。酒香也怕巷子深，品牌是传播出来的。

(6) 品牌不具优势

企业品牌不具备优势，产品推广效果往往事倍功半。品牌与销售天生紧密相连，没有销售力的品牌，不过是美丽的花瓶；没有品牌的销售，可能会是昙花一现。由单品品牌打响企业品牌，再由企业品牌带动相关品种。企业有品牌，新品推广就可借势；没有企业品牌为后盾，新品推广的难度自然加大。

以上是六力营销体系中的六个方面。六力营销体系中任何一个力的缺失都必将影响全局的营销成果，劣势决定优势，短板决定高度，企业管理者如何统筹六力，谋定市场？

2. 如何让品牌走得更远

(1) 懂得木桶理论

劣势决定优势，劣势决定生死，“短板”的存在，制约着整个体系的发展。营销诊断，就是要找出营销系统中的“短板”环节，扬长避短，强化内力，提升整体营销竞争力。

(2) 精通望闻问切

通过望、闻、问、切等方式，发现企业营销推广中可能存在的短板，有针对性地对症下药，并系统提升。

(3) 差异化营销

差异化营销的核心思想就是“细分市场，针对目标消费群进行定位，导入品牌，树立形象”。有差异化才具备记忆点、识别性，才可以突围成功。

（4）精准品牌定位

定品牌之位，导受众之心！产品没有明确的品类区隔，没有专业的市场细分，没有精准的品牌定位，注定会被淹没于同质化竞争的大流中！

3. 六力营销：懂得更多，做得更好，走得更远

通过多年的经验总结，桑迪发现，营销要获得初步成功，需满足三大基本条件：①产品研发与生产能力；②营销策划与队伍执行力；③资金储备与广告运作能力。

品牌要长久，需满足“六力营销”条件，整合资源、六力营销、谋定市场！桑迪首创的六力营销理论跳出单纯分析产品的思维，侧重分析企业整体营销能力，综合评估企业所占有的营销资源和所拥有的六力营销指数。六力营销讲究协同作战，要求明确自身的短板，及时提升，优化整合，互相借力，战略共赢。企业靠核心品种赢利，把重点品种做深做透，集中资源做核心单品突围，打造品牌，再带动其系列产品群，做强做大，这是六力营销的核心思想。

（1）决策力：君临天下，运策帷幄

不出帅府，审时度势，掌控大局，胸有成竹，运筹帷幄之中，决胜千里之外。决策力是六力营销的中枢。洞察市场，理性分析，精确评估，科学决策，把握战略方向，明智果敢决策，指引企业或产品在正确的轨道上行使。

（2）产品力：马行日步，差异突围

不走寻常路，概念差异化，人无我有，人有我优，提升竞争力。产品力是六力营销的根本。产品力是营销成功的根本，也是成就品牌的基石。产品力由产品的内涵与外延构成，内涵与生俱来，外延靠后天打造。

（3）策划力：据守丹田，幕后谋划

策划力是六力营销的灵魂。不出楚河汉界，飞田字守四方，幕后统筹谋划，不战而屈人之兵。营销处处皆策划，没有策划就没有灵魂。策划好

可点石成金、四两拨千斤。人力不同，方法不同，策划结果就会有天壤之别。

（4）执行力：军令如山，勇而不退

锁定目标，勇往直前；执行命令，不折不扣；攻城略地，步步为营。执行力是六力营销的保障。执行是检验策划的重要标准，也是营销成功的坚强后盾。激发执行意愿，提升执行能力，完成执行方案。

（5）传播力：隔山打牛，精准发力

瞄准目标，集中兵力，精确打击，整合传播，威力就如隔山打牛。传播力是六力营销的推动力。没有传播，就没有品牌；没有传播，就无法"亮剑"。酒香也怕巷子深，品牌是传播出来的。传播要软、硬结合，爆破力才能强！

（6）品牌力：直指人心，纵横驰骋

纵横驰骋，所向披靡，直指人心，唯我独尊，方为品牌。品牌力是六力营销的核心目标。打造强有力的品牌，就拥有了占据消费者心智的核心资源，在营销战中就掌握了"核武器"，就会稳操胜券，长盛不衰。

作 者

2015 年 2 月

目　录

第一章 决策力

老板在凭什么做决策

天下熙熙，皆为利来；天下攘攘，皆为利往。在同行业间竞争日趋白热化的今天，广大企业在沉沉浮浮中蹒跚而行，谁能够做出具有前瞻性的决策，谁就可能在市场上先人一步，坐上龙头；谁拥有决断如流的能力，谁就可能在市场上历经变更，基业常青。然而，遗憾的是，目前很多企业的老总并不能形成完善的决策思维，更没有合理有效的决策团队，造成企业运营中大部分决策主观性强、无长远规划等弊端。那么，我们的老板们都在凭什么做决策呢？

1. 凭跟风从众做决策

这是在中国老板中最常见的决策方式，美其名曰“追随者”，实则是毫无创新的跟风。往往是一家企业凭借某个新产品、新概念成功启动市场，后续的同类模仿者们则望风而动，大打价格战、概念战，最后出现同质化竞争严重、市场环境恶化的局面。如近几年的保健品市场，告别了20世纪的轰轰烈烈，在过度的功效承诺和广告战、概念战后渐失民心，如今已经成为了广大企业谨慎涉足的雷区。随着21世纪健康产业的兴起，面对新医改政策带来的利润空间的压缩，越来越多的医药企业为规避同质化的竞争开始谋取企业的战略转型，转攻大健康市场，如何在新世纪、新领域开疆辟土，更需要老板们睿智决策。

2. 凭主观经验做决策

这是当前中小企业普遍采用的决策方式。作为企业的决策管理者，往往拥有多年的行业经验和人生总结。不可否认，这对于决策者乃至企业文化建设而言是一笔宝贵的财富，对于企业战略决策方面也有着重要的参考价值。然而，当决策权高度集中于一人之手时，也大大提高了决策的风险，使得整个团队产生依赖性，最后决策者或成为了事必躬亲的诸葛亮，或成为了盲目自信的楚霸王，前者让老板们心力交瘁，后者让老板们功亏一篑。这样的例子在商场上屡见不鲜，营销天才乔布斯会发出“毕生所得换不回健康”的感慨，营销巨人史玉柱也会总结出“一个人做的决策大多很荒唐”的惨痛教训，前车之鉴也告诉后来的决策者们：科学决策模式的建立不容忽视！

3. 凭短期成本做决策

这是目前企业决策者们最容易犯的错误。我们身处一个急速更新的时代，市场风云瞬息万变，这让很多本就艰难前行的私企老板们很无奈，尽管有一个做大做强做久的美梦，然而面对资金的匮乏和市场的不景气等诸多现实因素，决策者们多少会对未来忐忑迷茫。如《大学》中所说：“有所愤懥，有所忧患，有所恐惧，有所好乐，皆不能得其正。”于是，众多企业被纷繁复杂的世界搞晕了，看不清最本质的问题，只去抓一些无关痛痒的细枝末节，缺乏对企业长期健康发展的规划，结果当然很糟糕。2012年的毒胶囊事件让整个医药行业受到了消费者的质疑，随后健康元的地沟油、葛兰素史克的行贿门等事件更给医药行业的危机添了一把火，让这一普遍存在于广大企业的决策弊端昭然若揭，改变这一决策理念也成了全行业必须正视的课题。

拿破仑说：“做决定的能力最难获得，因此也最宝贵。”所以，无论是高层还是中层经理人，每天都在参与、制定和执行着关系到企业生死存亡的各类决策，因此，掌握决策的程序和方法，把握决策的关键环节很有必要。

方向不对，一切白费

“我费劲千辛爬上梯子的顶端，却发现梯子搭错了墙”，这句话恐怕会让不少企业决策者感同身受。确定目标是决策过程的第一步，然而我们发现很多决策者大会研究，小会讨论，最后确定下来方案，经过团队的全体努力，费了不少企业的财力、物力，结果却徒劳无功。因为从一开始就选择了错误的方向，产生的结果自然会与预期的效果南辕北辙！

如何让决策者的方向定位精准？笔者认为分为三步。

1. 找准目标市场

一个企业和一个产品，不可能满足所有人的所有需要，也不可能满足所有人的一部分需要，或一部分人的所有需要，只能满足一部分人的一部分需要。定位决策方向的第一步就是确定目标顾客，最终找到满足部分消费者的部分需要。

在供过于求的商品市场，尤其是同质化竞争严重的医药健康领域，企业只有选择自己具有优势的市场而不是全部市场进行营销活动，才能在激烈的竞争中得到生存和发展。根据企业决策目的的不同，目标市场的定位也会随着变化，如果其目的在于增加市场份额，那么其定位则侧重于分析影响顾客购买额的诸多因素；如果其目的在于提升企业品牌形象，那么其定位则侧重于分析哪些因素影响顾客的满意度。因此，营销者想要找准目标市场必须具备确定营销目标、细分市场、勇于创新、理性评估价值的能力。

2. 确定自我价值

找准目标市场解决了企业或产品为谁提供产品和服务的问题，那么满足目标顾客哪一方面的利益需求则是企业或产品的自我价值体现，这个确定自我价值的过程，离不开差异化营销的帮助。差异化营销的核心思想就是“细分市场，针对目标消费群进行定位，导入品牌，树立形象”。即：解决竞争对手们不能满足的却是目标受众关注的某种利益需要。有差异化才具备记忆点、识别性，市场定位的核心是差异化，能够差异化定位的企业必将在竞争中拥有核心竞争力，实现突围成功。

寻求差异并不是一件容易的事，在通常情况下目标顾客的价值需求会有很大的相似性，而过度的概念开发只会给消费者留下不诚实、不负责的不良印象，并且企业在差异化定位中，还要分析目标受众对这一利益的诉求程度、市场容量、竞争对手定位的优劣势情况以及会产生跟风指数等。

3. 选对营销战术

营销的成功关键就在于能否实现执行到位。不同的营销方案产生的效果自然大相径庭，关键在于营销组合的要素能否有机组合，让每一个营销要素在营销战术中找到自己的位置，发挥最大的作用和独特贡献。决策者作为营销战术的选择者，必须具备敏锐的市场洞察力和评估方案有效性的能力。

依据定位和多方面的信息反馈，决策者需要：①进行产品规划，挖掘出产品的内在和外延属性，让产品的诉求点独一无二；②进行价格规划，从相关者的利益来选择价格策略，并制定好价格战的应对方案；③进行渠道规划，明确渠道选择的范围，分析渠道的各种维度，选择渠道的营销方式。

美国管理大师杜拉克说过：“战略家要在索取信息的广度和深度之间做出某种权衡，他就像一只在捉兔子的鹰，必须飞得足够高，才能以广阔的视野发现猎物，同时又必须飞得足够低，以便看清细节，瞄准目标进行攻击。不断地进行这种权衡正是战略家的任务，一种不可由他人代替的任务。”因此，市场决策的准确度取决于营销战略的定位，决策者必须具备“眼观六路，耳听八方”的能力，必须养成勤于思考，善于抉择的好习惯！

优秀决策者的5种特质

拥有优秀特质的决策者往往能够带领企业走在健康发展的轨道上，在危急时刻能挽狂澜于既倒；在平稳时期步步为营，力争上游；在转型时期从容淡定，精彩亮相。总之，在每天大大小小几乎上百件的决策中，决策者的特质优秀与否时刻接受着考验。通过总结我们会发现优秀的决策者往往共同拥有以下5种特质，虽然你可能天生并不具备这些特质，但通过后天的学习培养，相信能够大大提高你的决策准确度。

1. 拥有包容心

决策者必须胸怀全局，掌握整个环境大趋势的发展，以“整体”的“动态”统筹决策能力，协调好各个局部的因素。

（1）善于倾听，包容不同的意见

善于倾听的决策者能够采纳不同的意见，汇集不同的声音，在信息爆炸的时代，善于倾听更显得尤为重要。只有了解了团队组织中的各方建议，才能准确地把握好集体的思维偏向和团队氛围，进而在决策的过程中统筹兼顾，选择最佳方案，凝聚团队力量共同推动决策的执行，避免后期不必要的麻烦。

（2）善于平衡，包容软硬信息

所谓硬信息，就是指统计数据、报告、分析之类的信息，它们从客观层面帮助决策者了解企业运营情况；软信息则是来自客户和员工的反馈，它们从主观层面帮助决策者了解企业品牌形象。自信的决策者们知道怎么在软信息和硬信息之间把握好平衡并且还知道如何避免混淆二者。

2. 拥有勇敢心

（1）敢于承担风险

很少有决策是百分百零风险的，在决策制定后必然存在着众多不确定因素。如果决策者是个完美主义者，凡事力求考虑到所有情况或者畏首畏尾不能及时决断，将会令企业错失很多良机！尤其是当情势紧迫时，不能够当机立断将会带来很大的麻烦。因此，敢于承担不确定性，是决策者必须练就的勇气。

（2）敢于正面否定

决策者最可贵的精神就在于敢于否定自己，否定过去，不断追求向上的阶梯。如今是一个个性张扬的时代，企业只有结合自己的优势和特点，形成特色鲜明的服务风格和业务，才能有效整合优化自己的资源配置。作为企业的决策者应该牢记：唯有创新，才能长久发展！这一点对于正处于瓶颈期的企业来说，是其打破现状、摆脱“瘫痪”的本钱！

（3）敢于克服阻力

任何一项计划的实施都必定会违背一部分人的意愿甚至伤害到一部分人的利益，尤其是一些关系到企业大局、生死存亡的原则性问题，当决策一旦生效，必须坚定地实行到底！同样，当团队集体推崇某一方案时，决策者也必须对其成本和难度有着清醒的认识，一旦发现不可施行，必须敢于一票否决！这是决策者魄力和威信的体现，也是让决策顺利实行、企业健康发展的保障！

3. 拥有团结心

（1）团结团队的意识

任何一项决策想要执行得完美，必须得到团队的支持！因此，决策者在作最终决定之前，一定要征集执行者们的意见，在协调中团结一心，形成团队共识，形成集体价值观。我们相信，团队成员心甘情愿地去执行方案，将使得我们的决策更加完善。

（2）团结团队的方向

决策者之所以让人坚定地跟随，接受领导，就在于他能为团队指引出正确的方向。站得高才能看得远，因此，企业的领导人、决策者们必须将决策的方向着眼于企业明天，把握市场运营规律、瞅准市场真空地带、不断地挖掘、革新以适应市场的潮流。让团队在高度统一的方向下，劲儿往一处使，占领明天的市场。

4. 拥有变通心

（1）变通决策的节奏

变通的第一个关键就是能够将所需决策的事件分门别类，懂得轻重缓急。轻重缓急是你做决策时所遵从的框架，需要你根据所处的决策环境、决策时机来定义，优秀的决策者不会被纷繁复杂、枝枝叶叶的外相所迷惑，而能通过现象，紧抓实质，选择最优的方法从容应对。这需要有长远的目光、卓越的胆识以及当机立断地接受并不算完美的方案。

（2）变通决策的模式

不要一味地用自己最喜欢的方式来处理问题！人之所以选择“模式化”，是因为大脑喜欢偷懒，通过“设想”提前定义并不成立的认知。因此，决策过程中一定要注意避免各种思维定式和决策方式，固守他们对你来说有害无益！做决策是一门艺术，而不是科学，经常调整自己的决策方式可以帮助你产生出一些更有创造性的解决方案。

5. 拥有辨别心

（1）辨别决策雷区

决策的雷区很多，最危险的莫过于盲目跟风而不自知。比如：很多商家在打广告，这个产品一定很畅销；专家和很多业内商家都这么说，那一定是真的；这个策划者对他的方案如此热情自信，看来他一定能实现……

新时代，创新永远是主题，沿着别人的足迹注定走不出自己的精彩！有主见是决策者理智有辨别心的前提！

（2）辨别道德雷区

孟子云："人有不为也，而后可以有为。"当道德和利益发生冲突时请毫不犹豫地选择道德吧，也许这对于利字当头的从商人士来说很难，但随着网络时代的到来，任何一次微小的曝光，都有可能颠覆你多年的积累，而顾客任何一次无意的表扬，也都可能会让你风生水起，避开雷区，起码这会让你的企业在未来的道路上顺利很多。

当然，成功的决策者的特质不会雷同，做到以上五点，你可能不是最优秀的，但足以进入优质决策者的行列。最后，作为一个决策者，无论在何种环境中，请保持乐观积极的心态。因为你的乐观自信，关系到下一个决策的成败，也感染着身边的队员！

规范你的决策流程

随着国内、国际市场竞争形势的变化，目前民营企业决策中最大的瓶颈莫过于其决策流程的不规范，尽管表面上披着现代企业管理的外衣，而实质上却没能脱离老板一人拍板的格局。然而，民企决策流程中最大的陷阱便是企业主的独断专权和刚愎自用，这种独裁式管理模式也让不少企业付出了高昂的代价，究竟应如何更加完善、科学、合理地制定民企的决策流程也成了企业家们无法回避的课题。作为企业最高决策者，必须做到高瞻远瞩，在转变决策思维观念的同时，通过规范企业决策流程及机制，有效地整合决策团队的智慧和能量，从而对企业未来发展的目标、方向、规模、速度和组织管理方式做出正确的决定和安排，以培育企业核心竞争力，提高公司治理水平，从容应对市场之变。

企业经营管理决策的一般管理程序要求，主要有六个方面：①确定所做决策在企业整个决策内容体系中所处的位置，有重点有目标，避免顾此失彼造成失误；②选择、确定正确的决策分析方法，在科学分析、优化论证的基础上建立决策；③强调决策的每一个环节和步骤都要在周密规划的基础上进行，以消除决策行为的随意性；④细分决策过程，细分决策责任，做详尽的决策过程记录，以使参与决策的人能够清楚他在这个企业所实现的经济福利和权利、地位，并为此承担责任；⑤做详尽的决策过程记录，以便事后能明确决策的不同阶段、不同环节的责任人；⑥严格企业决策管理，建立和完善决策管理制度规范。

1. 明确决策内容体系

很多决策人对他要制定的决策在整个企业决策内容体系——企业目标体系中，居于什么位置，与其他企业决策是什么关系，都没有准确的了解。这是导致决策顾此失彼，相互不协调的根本原因。因此首先必须要让决策人明确其所要制定的决策在整个企业决策内容体系中的位置及其相互关系，以提升企业整体决策的质量。

这一步要求决策人对以下问题进行思考，并做出回答：

所要制定的决策，从时间序列分析，它属于哪个时间段上的决策？

所要制定的决策，是属于七大决策之中的哪一类？

所要制定的决策，要服务的高一层次的决策是什么？或者说它是哪个目标决策的措施决策？

它的下一层次的决策大致有哪些？或者说它是哪些措施决策的目标决策？

所要制定的决策，从组织内部关系分析，它属于哪个层次？

所要制定的决策，相对于企业的生存和发展，存在于哪个层次？

决策常常可能会在何处失误？

决策失误的后果是什么？

我以什么来对这一决策的后果承担责任？

2. 确定决策分析方法

确定决策分析方法，是对所要制定的决策必须采用的分析方法进行选择。不同的决策可以运用的方法不同，究竟选择什么方法，这会直接对决策质量带来重大影响。决策分析方法不对，决策质量必然没有保障。靠抛硬币、抓阄，也都是一定的决策分析方法，只不过它们与决策内容没有任何联系罢了。恰当地选择决策分析方法是至关重要的。

这一步要求决策人必须对以下问题做出思考：

对于所要制定的决策的分析方法，可供选择的有哪些？

各种方法的操作难易程度如何？

本人或本单位能熟练运用的有哪些？

各种方法的运用成本如何？

运用效果比较好的方法是什么？

综合考虑，选择何种方法最恰当？

3. 周密规划决策过程

周密规划决策过程，是要求对企业的不同决策，做出详细的决策流程分析和决策程序说明，在对具体问题制定决策之前，对决策流程和程序做出详细的界定。当需要对具体问题制定决策时，严格按照事先确定的决策流程和程序来实施。这就可以有效地避免决策的随意性。

这一步要求必须对以下问题进行思考，并做出回答：

决策的目标是什么？

决策赖以制定的关键信息有哪些？

由谁对决策的结果承担总的责任？

由谁对决策的不同环节和步骤上的工作承担责任？

决策的时限和地点有何特别要求？

制定决策的每项工作的先后顺序应该如何安排？

由谁对决策的贯彻实施承担责任?

决策修正的条件和程序是什么?

回答了以上问题，也就把决策过程的规划制定出来了。决策过程有了周密规划，决策从信息收集，一直到贯彻实施，都明确了标准、要求和责任人。这样谁都不敢随心所欲地、不负责任地参与决策活动。

4. 细分决策过程和决策责任

细分决策过程和决策责任，也就是通过决策过程本身进行细分，让决策过程的每一个环节、每一个步骤都有具体的责任人，并通过这种细分，使参与决策的人所拥有的决策责任承担能力与参与决策的责任相适应，以保证他负责任地参与决策。把一个有重大影响的决策，按照规定的程序要求，分步骤确定责任人，特定的人只对特定步骤上的决策工作负责，这就通过分散责任而降低了决策人的责任承担能力要求。

(1) 决策过程细分

决策过程细分是把一个连贯的决策过程细分为多个步骤、多个环节，使得每个步骤和每个环节的工作都能够相对独立地进行。这样既可避免因工作遗漏而导致的决策失误，又可为明确界定责任人提供基础。这一步工作要求与决策过程规划结合起来，并且也只能在对决策过程进行科学规划的基础上进行。

决策过程可从以下几个方面进行细分:

关系到企业生存和发展的外部环境变化信息的收集。

对这种变化信息进行跟踪调研。

确定是否对这种变化做出反应。

收集可用做环境变化反应的措施办法。

比较反应措施办法，并讨论拟定决策预选方案。

对预选方案进行比较，选择最优方案。

具体贯彻实施方案。

（2）决策责任细分

决策责任细分是针对决策过程的每一步和每一个环节的责任大小和承担方式所做的界定，其内容包括对以下几个问题的思考和解答：

决策信息收集人的责任以及承担责任的方式是什么？

决策方案拟订人的责任承担方式是什么？

决策讨论参与人的责任及责任承担方式是什么？

决策拍板人的责任及责任承担方式是什么？

决策实施过程负责人的责任承担方式是什么？

5. 详尽决策过程记录分析

详尽决策过程记录分析，就是在决策的实施过程中，严格按照决策过程规划的内容进行记录，如实地反映决策过程实施与决策过程规划之间的关系，以便到时候进行检查，并明确落实责任人。记录的内容要求与规划的内容相一致，如果决策实施过程在哪个环节、哪个步骤上没有按照决策规划过程进行，必须有具体明确的说明。

决策过程记录必须说明以下几个方面的问题：

没有严格按决策过程规划实施的环节、步骤是什么？

为什么没有严格按决策过程规划制定决策？

是谁批准突破决策过程规划的？

这样做的可能后果是什么？

应该由谁对这种后果承担责任？

6. 完善决策管理制度规范

决策管理规范化，是实现企业持续稳定发展的一条重要途径。一个典型的例子是上海仪电控股（集团）公司。到1999年年底，作为一家大型企业集团，它已经拥有七家全资子公司、四家控股的上市公司、十家合资公司、两家有限责任公司。决策管理规范化是其实现持续稳定发展的重要因素。在它所制定的管理系列制度中，除了财务预算管理制度和产权事务管理制度之外，都是关于企业经营管理决策方面的管理制度。

企业的决策管理规范一般包括两大类制度：一是决策程序管理制度；二是决策方案论证管理规范。下面就企业必须要有的管理制度的内容作简要说明。

股东会决策程序管理制度：其目的是保证股东的决策参与权力。其内容在《公司法》中有明确规定。

董事会决策程序管理制度：其目的是保证董事会的决策能按照科学的方法和合理的程序进行，避免企业领导人独断专行，或拍脑袋决策。其内容包括决策种类的分析和不同种类决策制定过程的分步骤标准及要求的界定。

筹资决策程序管理制度：其目的是优化筹资渠道组合，节省筹资成本，规避负债风险。其内容包括对不同筹资渠道的可能性分析、不同筹资渠道的成本和风险分析，及筹资决策制定过程的分步骤标准和要求的界定。

投资决策程序管理制度：其目的是最大限度地降低投资决策的失误，提高投资收益，避免因为感情、情绪等因素而导致的决策失误。其内容包括投资的收益分析、风险分析、可行性分析和投资方案的优化选择，及决策实施的活动步骤和决策活动责任人的界定等。

市场战略决策程序管理制度：其目的是保证企业经营战略的完整性和企业核心竞争力的建设，避免跟风随机决策和拍脑袋决策。其内容包括对市场战略的可行性分析、价值关联分析及决策制定过程的分步骤标准和要求的界定。

人才战略决策程序管理制度：其目的是保证企业发展战略的贯彻实施，服务于企业核心竞争力建设。其内容主要是对人才战略决策制定过程的分步骤标准和要求的界定。

重大市场决策程序管理制度：其目的是保证市场决策对市场战略的贯

彻实施，并具体形成企业的核心竞争能力。其内容主要是重大市场活动的可行性分析、风险分析、成本收益分析。

绘制你的决策蓝图

郑板桥画竹，先有成竹在胸的把握，才能绘就栩栩如生的惊世神作；诸葛亮隆中对，早有三分天下的谋划，才能成就刘备蜀地为王的根基；成功在于规划，“纸上谈兵”也能够为决策指引方向！在决策未来的时候，全面考虑诸多因素，绘制出一份好的决策蓝图，可以让团队成员知道自己能够做什么，企业发展需要什么，自己拥有什么资源等。绘制一份精确的蓝图，意味着你对问题有一个完整、正确清晰而又简明的认识，这是自信决策的关键！

1. 学会简洁地阐述问题

如果你只有 5 分钟用来解决一个问题，那么陈述问题的时间就不应该超过 1 分钟，这样你才有 4 分钟的时间来寻找答案。要想清晰地描绘出你的问题，你需要了解以下几个问题。

（1）你究竟了解多少

在为一个问题绘制蓝图时，最好做一个现实主义者，应该先收集尽可能多的信息。一旦做出决定，尽可能乐观一些，因为只有这样，你才能把你的决定推销给你的团队。

（2）你真的拥有足够的信息来做决定吗

关于收集信息，预先建立一套能够帮助你收集信息的系统，将有用信息随时归档以备不时之需，千万不要等到你需要收集信息的时候才开始动手。

（3）信息偏离会阻碍你做决定

收集信息的过程中，你一定要清楚人们收集和分析信息的方式其实是非常不精确的。我们把这种情况称为信息偏离，主要有以下几种情况。

①可获取性偏离：你越注重某些信息，越容易在潜意识中夸大它的重要性，继而忽视其他信息。

②经验型偏离：受个人长期积累的经验偏见的影响，对收集到的信息表示怀疑，可能会失去重要信息。

③冲突性偏离：收集的信息跟你的信念相冲突时，你会在潜意识中按照自己的信念来。

④回忆性偏离：过于相信你的记忆，认为自己记得一定是正确的。

⑤选择性偏离：兴趣，优先记住对你最重要的事情，这样很容易捡了芝麻丢了西瓜，缺少全局思想。

⑥锚定偏离：过于看重早先得到的信息——销售人员总是喜欢先向客人推荐便宜点儿的款式，因为他们担心把客户吓跑了。可由于锚定偏离，一旦客户听了低价，并且对产品品牌有了心理定位之后，就很难接受更高价格的款项了。

⑦近期效应偏离：记着刚刚发生的事情，对于之前的信息印象模糊。

⑧个人倾向偏离：被自己的决策蒙住了双眼，通常会更加努力地寻找那些能支持你的信念的信息，潜意识屏蔽那些不支持你的信念的信息。

2. 绘制决策蓝图需要避免的 5 个问题

①你可能距离问题太远，因而看不清问题的真正面目。

②你对自己遇到的问题过于熟悉，这很可能导致你掉以轻心。

③距离问题太近，反而让你忽略大局，紧盯一处钻牛角尖。

④太急于克服障碍，结果却忘记了自己最初的目标。

⑤错误的陈述了问题，这会让你的决策方向整体偏离。

3. 规划蓝图过程中的关键步骤

①精确地定义问题，这样才能清晰地看到自己需要做出怎样的决定。

②一定要意识到你在收集信息的过程中可能会出现信息偏离现象，使用不精确的信息可能会让你错过一些重要的机会，甚至做出错误的决定。

③在列出问题时，一定要客观。乐观情绪不妨留到做出决定之后。自信的决策者明白，提出正确的问题比想出正确的答案重要得多。

决策跟着感觉走风险有多大

无论是已过世的营销天才乔布斯，还是当今的国内商界巨子宗庆后，他们的决策风格都惊人地相似，独裁到事必躬亲却又任性到仅凭直觉，他们做的每一项决策看起来似乎让人捉摸不透，仿佛随性而为，而好得出人意料的结果又让人觉得决策跟着感觉走，风险并没有多可怕。

很多国内企业领导人眼里的决策其实就是一种感觉。领导人的眼光发现哪里有钱赚，然后就凭着感觉去挣。当我们一定要他们描述凭什么做决策时，他们多半也会告诉我们其实就是凭一种感觉。相信可口可乐、IBM（国际商业机器公司）、麦当劳等大公司的领导人，当年也是这样。在这个阶段里，大多数企业可能会倒闭，因为企业领导者的构想往往很完美，但缺乏的是翔实的数据收集、环境分析等基础信息，导致领导人的感觉不对或者是做得不对。

现在，人们公认如果没有乔布斯的奇才，那么他的决策风格绝对不可复制，而宗庆后的接班人宗馥莉也毫不讳言，离开宗庆后，娃哈哈等于零！决策者的决策感觉是什么？是决策者凭借自己的人生经验和价值观来对客观现实的一种反映！他之所以能够根据自己所收集的海量信息得出一个天才的判断，完全是因为他能够长时间地集中注意力思考一个问题。我们把这个过程称为快速推理。然而，当这种快速推理遇到信息的不对称和不断更新，决策者的感觉就会产生偏差，任何微小的偏离都会通过整个企业系统被放大到无限倍，结果可想而知！不能够抓住问题本质，作出实质性的长远规划，最后，连决策者都会感到茫然，不知该何去何从！可见，没有严格规范的决策机制，决策跟着感觉走要么滋生独裁要么朝令夕改，无论是前者还是后者，其结果必将损失惨重！

20世纪80年代，人们开始彻底地由直觉决策转向了逻辑决策。之所以出现这种情况，主要有两个关键因素，一是计算机的出现，二是集团公司日益庞大。前者让程序化决策轻易实现，后者以权利制衡直觉性决策难以实现。在国外的企业，董事会负责战略的研究与制订，在我国的民营企业，董事的背景、资历、经验决定了他们往往难以承担战略决策的重任，因此，企业的战略决策往往是老板一个人的事。

有人说过，首席执行官的工作就是制定那些别人不能代劳的决策。你或许以为，人们一定会以严肃认真的态度对待如此重大的问题。可我们大多数人看到的情况是怎样的呢？强生收回感冒药泰诺童话般的经过，关于展望未来的梦想家的老一套寓言故事，还有关于世人皆知的重大失误如福特公司的 Edsel 汽车的陈腐案例，这些都一再出现。原来人们总是跟着感觉走，不撞南墙不回头！

那么直觉在我们的决策中，真的一无是处吗？当然不是！一个成功的决策，等于90%的信息加上10%的直觉。直觉很大程度上与创意相关，而创意是一种难以捉摸的东西，所以最好在你的身上或床边准备一个小本子和一支笔，随时记录下你稍纵即逝却又难能可贵的灵感！逻辑决策会降低错误率，直觉决策则可以帮助你产生一些极富创造性的解决方案。因此，自信的决策者把逻辑当作一种工具，但要想成为一个杰出的决策者，你必须学会将直觉与理性完美地结合起来，将一系列思想和工具运用于任何决策环境中。

我们是认真的。的确，我们想创造出一批上佳的作品。但无论是请你考察五角大楼的过道，还是西伯利亚的石油边疆，都不仅仅是将决策活动生动地展现给你。

1. 克服焦虑情绪

现在，要问你个问题：你对决策的态度是否严肃认真？决策迫使我们撇开其他机会——未得到过的职位，未尝试过的战略，没有努力采取过的选择方案。采取哪种销售手段效果更好一些？你永远也不会知道。我们当中大多数人都在竭尽所能避免不确定性。我们可以无限拖延决策（如此一来，也就交出了我们本来应有的掌握自己命运的权力），也可以豁出去马上采取行动。下命令需要勇气。这意味着你把不确定性带进了自己家门，招待它吃喝。不确定性是令人讨厌的房客，但你并不是他的俘虏。

2. 打消完美念头

克服紧张焦虑是第一步，打消你内心追求完美的念头就是第二步，因为世界上没有完美的决策者。即使你掌握各种信息，又拥有一屋子超级计算机，你仍然可能犯错误。但错误的决策与糟糕的决策之间有很大区别。错误的决策指的是你选择了一号门，而奖品却在二号门后面。结果当然是一无所获，但这样的错误与方法有关。糟糕的决策指的是在莫顿聚硫橡胶公司的工程师预测百分之百会发生灾难时，你仍然决定发射挑战者号航天飞机。这就根本不是方法问题了。

两者的区别非常重要，因为它将你不能控制的结果和你可以控制的过程区分开来。错误的决策是生活中不能避免的一部分，而糟糕的决策却属于非受迫性失误，你可以很好地避开它。当然，决策没有固定的模式，有些决策需要精心计划和深思熟虑，有的只是一念之间。

容易导致决策失误的九种因素

失误是不可避免的，却没有哪个企业的领导人会希望自己制定的决策发生失误。但最终决策的制定是否发生失误，并不取决于决策制定人的主观愿望，而是取决于是否找到并消除了导致决策制定发生失误的因素。如果不消除或扼制住导致决策失误的因素发生作用，企业决策的制定就不可避免地会发生失误。

1. 赖以决策的信息缺乏

制定决策就是谋求一种优化选择，即根据所掌握的信息对自己的活动目标和方式进行选择，以使自己的活动，能最大限度地达成自己所寻求的目标。但是，如果决策信息不充分，也就无法进行这种优化选择，或者所作的优化选择根本不优。其原因有二：①在信息收集上所能做的投入存在限制，没有投入充分的人、财、物，用以收集所必需的信息，使决策制定人不得不在信息不充分的情况下，仅仅根据自己的臆断进行选择。②决策制定人的知识结构限制，不知道该收集哪些信息，以及如何收集，甚至是淹没在信息的海洋中，没有能力从铺天盖地的信息中捕捉对决策优化选择有用的信息，从而导致决策失误。

2. 决策程序随意性

任何决策都应该遵循着科学的决策程序进行，这也最大程度上保证了决策的正确性，然而，当前很多中小企业领导者在决策时的随意性很大，"拍脑袋"决策、个人专断决策、权责分离等现象时有发生，因此常常造成重大失误，这主要表现在两点，即决策环节的缺失和决策程序的颠倒。

中小企业决策随意性大，在未来的经济全球化形势下，稍有不慎，一个错误的决策就足以把企业拖入死亡的泥潭，因此为确保中小企业发展稳定，决策制定必须做出限定规范。

3. 决策机制存在缺陷

决策机制从根本上影响着决策的科学性，决策机制不完善也是导致决策失误的又一个重要因素，目前中小企业组织决策机制不完善集中体现在两方面，即决策机构的不健全和决策制度的不完善。民营企业较为普遍的管理模式是"家族管理，一人独断"，这在企业初创时期有增强企业内部亲和以及协调能力、迅速对市场做出反应、降低决策成本的优点，但随着规模扩大，企业为增加赢利必然要横向或纵向扩张，为降低市场风险也要实现多角化经营，这时由于企业家对其他地区、其他行业知识的局限，要个人做出正确决断就日益困难，有些企业因一次决策失误，而使十余年的积累付诸东流，让人扼腕叹息。同时，家族式管理和企业内部裙带关系使民营企业不能建立和执行科学合理的规章制度，无章可循、有章不循、以情代法、任人唯亲具有普遍性，难以吸引和留住优秀管理人才，无法改善管理人员的结构和素质。

4. 决策权力单一集中

在实际决策中，由于缺乏集体的可操作性，中小企业基本上还是一把手独断决策。但个人的认知毕竟有限，如果决策者缺乏正确的思维方式，必然导致决策有失偏颇。因此，决策者千万不要独断专行。一旦在组织中形成一种独裁的氛围，就非常不利于人们提建议，员工不敢提、不愿提，好的建议没有被提出来，组织就会失去很多发展的机会。千万不要以为“团队协作”就是让每个人按照你的意见做事。一定要在你的组织中营造一个良好的氛围，让周围的人敢于挑战你的观点，敢于质疑你的观点，敢于对你说不，否则你的一些错误观点很可能会带来致命的后果。很多管理者因为担心信息泄密而只和少数人交换意见，这也很容易给人造成一种独断专行的印象。每一位睿智的商业人士都知道，失败的种子往往是在一个人最成功的时候播种下的。所以决策者要记住：当你成就非凡时，不要因此而得意忘形！

5. 领导者自身素质能力差

由于客观历史条件的原因，我国的民营企业家有很多没有受过高等教育，因此也普遍存在着一些领导者自身素质不高的现象。这些人在做决策的过程中，受其自身眼界、阅历的限制，难免出现决策缺乏长期发展战略的眼光，缺乏创新，甚至不科学、不正确的问题，主要表现在理论水平较低和意志品质不坚定，心理素质较差等方面。由于没有全面系统地学习过经济管理知识，他们尚未意识到西方跨国公司正大举进入中国市场，外企的高薪吸引了国内一大批管理和技术顶尖人才，外企的著名品牌对消费者有强大吸附力，雄厚的资金，先进的技术和灵便的信息使外企能迅速进入和抢占市场，不给竞争对手留下生存空间，国内著名商标逐一销声匿迹不正说明了这一点吗？民营企业今后面临更严酷的市场竞争环境，靠经验主义的管理方式将很难在市场上立于不败之地。

6. 决策制定人的情绪波动

情绪是人的心理对外部世界中的特定事件和变化的一种不自主的反应，具体表现为喜、怒、哀、乐、忧、惧六种心理状态，以及由相应心理状态反应出现的身体状态。人在这六种不同的心理状态下，对所面对的问题，会因为心理状态本身的不同特点而做出完全不同的选择。过于自信时，决策者会对未来做出过于美好的预期；而过于冲动时，决策者会表现为一种不撞南墙不回头的固执和鲁莽；过于悲观失望时，决策者感到无助、渺小和心灰意懒，会对未来做出过于灰暗和保守的预期；过于轻松得意时，决策者则容易掉以轻心，骄兵必败，沉浸于这种满足之中，丧失对自己所处现实的判断力，失去对未来目标追求的动力；在过于紧张的情绪下，决策者则对他所处的外部环境的变化的敏感度下降，甚至完全感觉不到外部环境的其他变化，以及时恰当地做出反应；在过于恐惧不安的心理下，会让决策者过度敏感，从而导致对外部环境的变化做出过激的反应。任何一种情绪的发生，也都会抑制人的理性，使人无法进行正确的判断和优化选择，甚至颠倒优劣、好坏。一个人无论处于这其中哪一种心理状态，都不可避免地会导致决策的制定发生失误。所以决策制定人要学会控制好自己的情绪波动，进行正确的决策。

7. 决策制定人的情感纠葛

情感是人的意志行为指向发生固着和黏附的一种心理表现。它让人不能及时地根据外部环境的变化而调整自己的目标指向和行为选择。情感纠葛也就直接表现为一种非理性的偏见。因为爱而毫无理由地看重一些人和物的意义及作用，同时又因为恨而漠视另外一些人和物存在的价值和意义。这二者中的任何一个都能直接导致决策制定人所寻求的价值目标方向发生摇摆，忽视其所应该寻求的价值目标，从而使这种决策所寻求的价值目标与它所应该寻求的价值目标发生背离。存其所爱，灭其所恨，可能是决策者个人的一种优化选择。但其所爱可能无助于企业的存在和发展，其所恨也无损于企业的存在和发展，因而导致企业决策制定与企业发展所寻求的价值目标发生背离，形成一种从企业存在和发展的角度进行评价的非优化选择，甚至是南辕北辙的选择。所以决策制定人要客观冷静的从实际出发，确定什么是真正符合企业发展需要的，进行正确的决策。

8. 决策制定人的价值偏好

价值偏好也就是决策制定人仅仅根据自己的偏好来判定什么是真、善、美，什么是假、恶、丑，并固守这种一成不变的价值观念，不知道根据社会外部环境的发展变化而调整改变。任何一个人都会有自己的价值观念，并且都会以自己的这种价值观念作为判断事物和对事物进行取舍的标准和依据。如果决策制定人所固守的价值观念与社会发展的实际不相容，或者与社会共同的价值取向有差异和矛盾，而他又想当然地按照所固守的价值观念对社会进行假设，把这种价值观念强加给企业和社会，并作为制定决策的根据和标准，企业的决策质量的降低和失误也就不可避免了。社会是一个整体，有其共同的价值观念和行为准则，脱离这种共同的价值观念和行为准则，会直接使自己的决策所依据的条件不现实、不恰当，从而使其决策失去其现实性和可行性，导致建立在这种与社会共同的价值观念所不同的价值观念上的选择成为非优化的错误选择。所以决策制定人在制定决策时要抛弃个人价值偏好，以社会共同价值观念和行为准则为基础，进行正确的决策。

9. 决策制定人的思维惯性

任何一个人都会在长期的工作和生活经历中，积累形成自己特有的思考问题的方式、方法。只要不把这种思考问题的方式、方法，僵化成固定不变的思维模式，它可为人们制定决策提供一个有效的参照系，以节省决策制定的分析判断时间。通过对问题和问题发生的背景进行比较后，仅仅对所存在的差异进行分析，这会在很大程度上提升决策的效率。人的经验的价值也就在此。但因为人所固有的惰性，往往总是夸大决策所面对的实际情况中相同因素的作用，漠视其不相同因素的作用，这就不免犯刻舟求剑的错误。人的经验的危害也在此。所以成功的决策制定人要学会抛弃自己的思维惯性，学会创新，学会接受他人的思维方式，群策群力，进行正确的决策。

如何培养快速决策能力

决策的质量是否重要呢？当然！可是对许多处于特殊阶段的企业和行业来讲，决策速度对成败的影响不亚于决策的质量，当在大量的分析和讨论得到最优决策时，却发现早已时过境迁，只能令人惋惜！两位世界级企业家巴菲特和索罗斯做决定的速度都非常迅速并为之带来了巨大的财富，伴随着商海变幻的波谲云诡，正确而迅速决策对于决策者而言越来越重要！

不清楚自己的目标，没有抓住主要矛盾、收集信息不充分、脑袋不够专注，分散精力……这些都是导致决策缓慢的原因，决策是一个思维过程，依赖于理性的思考，因此，作为决策者，可以参考以下六个决策步骤。

第一，坚定自己的目标。有了追求的目标，才会有坚持不懈的动力。

第二，充分收集信息。有充分的信息未必能够做出正确的决策，但是正确的决策一定离不开充分的信息。

第三，理性思考做决定。过于自信、过于冲动、过于悲观失望、过于轻松得意、过于紧张、过于恐惧不安，任何一种情况都容易导致决策失误，这就要求决策者在制定决策时要理性思考。

第四，制定战略战术。要想取得胜利，公司自己必须有一定战斗力，要经得起战斗；要居安思危，不打无准备之仗；要有正确的战略战术，才能战无不胜。

第五，全力以赴执行决定。决策在制定过程中是经过员工商讨，群策群力的，符合员工的价值观，员工能在执行决定过程中体现自身价值，企业有强大凝聚力，大家都劲儿往一处使。

第六，执行过程中发现新的重要信息，请跳到步骤一，否则请继续执行原定计划。

这里面最重要的是第一步和第六步，最需要解释的是第二步，因为在我们决策过程中，总是会忍不住选择一种决策缓慢、执行效率低的方式：一边收集信息，一边做决定！在执行前，我们需要做的是尽可能地收集和分析有效信息，在信息更新加速的今天，如果一边收集信息，一边做决定，决策者必将在纷繁的信息浪潮中迷失方向，造成决策的朝令夕改！而决策最忌讳的就是无止境地修改！其实，一旦有了新的信息，我们往往未必能够辨别信息的重要性，但是这些信息却足以影响我们的信心坚定和正在执行的计划。因此，决策和执行必须分离，执行的时候，需要的是监控而不是怀疑，除非有新的重大信息产生。

此外，你需要注意以下几个方面。

1. 接受不确定性

要想培养自己的直觉，你首先必须接受这样一个事实：有时候人类可以探究到事物的真相；探究不到时，我们只能接受一个模糊的世界。

你必须愿意承认自己有时候也会犯错误，这是自信决策者的一个重要特点。不仅如此，当你勇于承认自己的错误时，你才会允许其他人犯错。

人类总是证明自己是对的，有时候这种欲望甚至让人无法理性地思考。它会蒙住我们的双眼，让我们看不到失败的信号，甚至会在出现问题时给我们制造盲目的希望。一定要让你身边的人知道，犯错误没什么大不了。

要想让你的组织中的人知道犯错误也没什么大不了，最好的方法就是在你自己犯错误的时候立刻承认。

2. 知道什么时候该放手

要想培养直觉，你首先要愿意接受这样一个事实，在做某些决定时，你实际上是在打开一扇通往未知世界的大门。

直觉世界里，很多事情的发生莫名其妙。即便你根本不能确定自己的决定是否正确，你也可以充满自信地前进。

在知道了直觉的本质其实是一种快速推理之后，遇到问题时：①你可以首先让自己的大脑充满各种相关信息；②接着对信息进行组块，这样你就可以更快更轻松地接触这些组合后的信息块；③然后培养专注力；④你可以训练自己接受不确定性，因为如果你坚持在做每一个决定之前都要有精确的逻辑分析的话，你就根本不可能培养直觉能力。

3. 培养快速推理能力

快速推理其实就是从混乱中创造秩序，关键在于将你的知识储备中许多毫无联系的事实集中到一起，然后用在做决定上。最根本的原因就在于对信息进行组块。所谓组块，就是指他们会以信息为单位来储存信息，而不是一条一条地储存。

当然，培养快速推理能力是一个长期的过程，首先你得让自己放松冷静下来！从事过销售的人都知道，当你的大脑感到混乱时，一定要先表示拒绝。（理性和感性冲突）当一个想法不停地出现在你面前，但你却感觉这个想法并不完美时，建议你暂时放下眼前的问题。或者当你怎么也无法集中精力，非常沮丧，根本无法思考问题；当你很容易发脾气，感觉自己已经陷入了身心俱疲的状态；当你无法清晰地表达自己的意思时，所有这些信号都说明你应该休息一下了。

4. 增加你的备选方案

要想做出一个最佳的决定，你必须为自己准备尽可能多的备选方案。你的备选方案越多，你的决策就越好。人们称为发散思维，也就是为自己创造尽可能多的机会。一旦你学会了创造性整合，你就回到了决策的逻辑的一面，用一些精确的方式选择出最佳的方案。这就是所谓的聚合思维，也就是帮助你从各种方案中选出最优的。记住，你给自己提供的方案越多，你就越有可能从中选出最佳的方案。

创造性整合，就是把各种不是很完美的方案整合成一个完美的方案。

增加备选方案的 8 个步骤。

①站在对立面，在对立中寻求统一，任何对立都是相对的，不断地进行自我提问，自我反思，自我质疑，从而不断完善方案。

②不再只聚焦于问题本身，而是审视周围的环境，审视问题存在的环境。凡事都有联系性，要从根本上解决问题，就要寻根溯源。大多数问题受环境影响，由负面环境产生，解决了问题环境，能更直接、更快速、更根本的解决问题。

③想想自己已经找到了正确答案。假设决定是正确的，从各个角度进行综合评估，选择众多方案中整体评估最好的那个。

④设想你的所有假设都是错误的，这种做法可以让你暂时离开问题本身，摆脱思维拘束，碰撞出更多更有创意的解决方案。

⑤假设自己不会失败，在做决定的时候，我们经常让一些预设只限定了自己的想法。不妨从现在开始，问问自己，如果能够创造奇迹，我又会做出怎样的决定?

⑥向榜样学习，吸取他人成功的经验，结合实际，发展成为自己的长处。

⑦从解决方案开始展开反向推理。如果采用直接推理，有时候解决方案无法确定，而假设确定某一解决方案，再通过目前的信息确认该方案不失为一种好方法，逆推简单明了。

⑧用孩子般的天真看待问题，对第一次见到的事物都细心观察，大胆猜想，不要束缚自己的想象力。

决定的步骤。

①思考：努力思考一个问题，直到彻底想清楚为止。

②相信：相信你能找到正确的答案。

③梦想：产生富有创意的解决方案。

④勇敢：敢于推进自己的梦想，直到把它变成现实。

5. 启动集体智慧

遇到下列情况时，讨论会群体决策至关重要。

①当你觉得群体讨论能激发出更多备选方案时。

②当你需要外部专家的专业技术支持时。

③当你想让该决定更符合道德标准时。

④当你需要群体支持自己时。如果想要得到整个组织的支持，就一定要让大家来做决定。

⑤在组织群体讨论的时候，你可以通过说明，让大家理解你的建议，继而接受建议，但千万不要操纵会议，一定要学会认真倾听别人的意见。

⑥当你担心有人会反对你的提议时，我建议你召开讨论会。这听起来似乎自相矛盾，但其实并非如此。如果你担心他人会拒绝你的提议，那么说明你的直觉告诉你，提议可能是有问题的。当你对一件事情很热衷时，你很容易对它的缺陷视若无睹，而是将优点放大，这样容易产生错误。经过大家集体讨论通过的提议则可以在一定程度上避免错误的产生。

引领决策成功的九大战略问题

企业决策的成功，离不开决策者的正确指导，决策者能否做出正确指导则取决于其是否通过现象，紧抓战略要领。制定、实施和执行战略决策是企业管理的核心与灵魂所在，战略问题已经成为决定企业竞争成败的关键与核心，在此，我们将分析引领决策成功的九大战略问题。

1. 确定战略愿景

管理者关于“组织的长远发展方向是什么，其在技术—产品—顾客方面的重点及未来的业务范围在哪里”等问题的基本观点和结论，构成了企业的战略愿景。战略愿景是企业未来发展的蓝图，详细地反映了企业技术和顾客方面的重点、所追求的区域市场和产品市场，公司所致力于培养的能力以及管理者努力创造一个怎样的企业等问题。

要确定公司的战略愿景并使其成为一种有用的、明确方向的工具，管理者需要完成三个方面的任务。

（1）提出使命陈述

具体说明公司目前正在开展什么业务，反映出关于“我们是谁，我们做什么，以及我们现在正处于怎样的位置”的问题的本质。而公司的业务界定包括三个方面：公司尽力要满足的需求是什么？公司的目标购买者顾客群是哪些？公司所凭借的技术和能力以及公司所从事的活动是什么？这三个问题来自三个要素。

①顾客的需求，也就是需要满足的是什么。

②顾客群，也就是需要满足的对象是谁。

③公司将如何为顾客创造并提供价值，以满足他们的需要。

需要注意的是，良好的使命陈述都是高度个性化的——是提出这一使命的组织所独有的。极少数的公司因为集中于某一明确的目标市场而遭到失败，但许多公司失败或者绩效不佳的原因则在于管理者的注意力分散，业务面太宽或分散了太多的资源。

（2）做出决策

把使命陈述作为确定长期发展路径的基础，做出关于“我们将向哪里去”的决策，确定公司的战略路径。通常情况下，战略愿景应当考虑到未来5年甚至更长时间的情况，除非一个行业相当新，或者其市场条件变化多端、不可预测。但是，选择公司的发展途径是一项艰难的任务，需要对下述问题做出理性的回答。

①公司所面对的市场正在发生怎样的变化？这些变化对我们必须遵循的发展方向意味着什么？

②我们应当转而满足顾客哪些新的、不同的需求？

③我们应当继续集中于哪些新的或不同的购买者细分市场？

④我们应当追求哪些新的地理市场或者产品市场？

⑤未来五年内公司应采用怎样的业务组合？

⑥我们应当努力发展成为怎样的公司？

（3）激励员工

用清晰的、令人兴奋并且能够激发组织承诺的术语宣传公司战略愿景。战略愿景应该传达一种具有更深刻意义的目的，这样员工就会认为他们在“修建大教堂”，而不是“摆石头”。表述清晰明了的战略愿景能够激发成员对管理者所确定的未来发展道路的热情，能够形成一种激励组织成员的激情，能够激发组织成员做出一定的承诺。措辞恰当的愿景陈述能够简洁而清楚地描述公司为之努力奋斗的方向。

2. 分析战略形势

制定战略这项工作的完成不能仅仅依靠管理者的个人观点、良好的直觉和创造性思维，对公司要制定和实施的战略所做的判断必须直接来自于对公司外部环境和内部形势的实事求是的分析。其中有两个最重要的方面：一是行业及竞争环境；二是公司所用的竞争能力、资源、内部优势和劣势以及市场地位。

（1）行业及竞争环境

在思考行业及竞争环境时，我们要注意以下关键问题。

①行业的主要经济特征是什么？

②竞争态势如何，以及各种竞争力量的强度如何？

③哪些因素引发行业竞争结构和商业环境发生改变？

④哪些公司的地位最强？哪些公司的地位最弱？

⑤关键性竞争成功因素包括哪些？

⑥竞争对手下一步可能采取哪些竞争行动？

⑦公司所处的行业是否有吸引力，取得高于平均水平的赢利的前景如何？

（2）公司竞争能力、资源、内部优势、劣势及市场地位

在思考公司的竞争能力、资源等状况时，我们要注意以下关键问题。

①公司当前战略的运行如何？

②公司自身的优势、劣势及其所面临的机会和威胁是什么？

③公司在价格和成本方面是否有吸引力？

④公司的竞争地位有多强？

⑤公司面临的战略问题是什么？

（3）制定战略

在分析完这些问题后，我们需要再看清楚，公司实际的战略选择是什么？是集中精力完善当前的战略还是做出重大的战略变化？而战略的关键则需要考虑以下三个标准。

①战略是否与公司所处的形势密切匹配？

②战略是否有助于建立竞争优势？

③战略是否有助于提高公司的绩效？

全面的行业与竞争分析是好的战略制定的前提条件。全面而又深刻的

行业和竞争分析能够清晰而又明确地概括出公司所面临的外部环境，使得人们能够更好地理解公司所处的宏观环境——这是制定出与公司所处的外部环境相匹配的战略所必需的。

3. 评估战略资源

营销界有句名言：只有那些能够比其竞争对手更快更便宜地建立起新的战略资产的公司，才能长期地赢得卓越的回报。公司的内部形势分析则是一项基础工作，它的完成有助于将公司的战略既同其外部市场环境匹配起来，又与公司的内部资源和竞争能力匹配起来。在这个分析过程中，SWOT（态势分析法或优劣势分析法）分析法无疑是最经典的，也是最基础的方式。

评价公司的资源强弱及其所面临的机会和威胁的时候，采用SWOT分析法，可以从整体上大致反映一家公司的业务地位，而深刻地把握公司的资源能力和缺陷、公司所面临的市场机会以及危及公司未来利益的外部威胁对于制定相应的战略规划有着至关重要的意义。

（1）公司所拥有的强势

①一项技能或重要的专业知识。

②宝贵的有形资产。

③宝贵的人力资产。

④宝贵的组织资产。

⑤宝贵的无形资产。

⑥竞争能力。

⑦某种能够使公司拥有有利的市场地位的成就或属性。

⑧联盟或合作企业。

总而言之，一个公司所拥有的技能和专业知识、智力成本、独特的强大能力、各种具有战略意义的资产的组合及其在市场上取得的成就，决定了公司参与竞争的资源补充。

（2）公司的弱势

①缺乏有重要竞争意义的技能、专业知识或某种智力资本。

②缺乏有重要竞争意义的有形资产、组织资产或无形资产。

③在关键领域里缺乏某种竞争能力或竞争能力很弱。

④强大的新竞争对手很可能会进入市场。

⑤其他公司的替代品抢占公司的销售额。

某种弱势能否会使得一家公司在竞争中遭受伤害，取决于这项弱势在市场上的重要程度及其是否会被公司所拥有的强势所抵消或减弱。

（3）公司所面临的机会

①客户群会扩大，或者业务扩张进入新的地域市场或产品细分市场。

②扩展产品线的宽度，满足更多顾客的需要。

③利用公司现有的技巧或专业知识开拓新的产品线或进入新领域。

④前向或后向整合。

⑤有吸引力的市场的进入障碍正在降低。

⑥所建立的有关联盟或合资公司扩大了公司的覆盖面和竞争能力。

⑦有机会充分利用新技术。

⑧市场上出现了向其他地区扩展的公司的品牌或声誉的机会。

一般来说，公司管理者如果不首先确认公司面临的每一个机会，评价每一个机会可能带来的成长和利润前景，那就不可能制定出与公司所处的形势相匹配的战略。

（4）公司所面临的威胁

①出现更便宜或更好的技术。

②市场增长率下降。

③有关部门所采取的管理措施会使公司付出很高的成本。

④客户或供应商的谈判能力提高。

⑤购买者需求和品位偏离行业的方向变动。

⑥不利的人口特征的变动可能会造成对公司产品需求减少。

⑦容易受到行业驱动因素的冲击。

机会和威胁不仅会威胁到公司所处形势的吸引力，更重要的是它们要求公司必须采取相应的行动。成功的战略家的目的是：抓住公司所面临的最好的发展机会；抵御危及公司的竞争地位和未来业绩的外部威胁。

4. 制定竞争战略

严格地说，行业中有多少竞争厂商就有多少种竞争战略，但是，从各个战略的具体细节中再上升一步，我们就可以将这些战略之间最重要的区别简单归纳为：一是公司的市场目标是宽还是窄；二是公司所追求的竞争优势是与低成本相关还是与产品差别化相关。其中，区别最明显的竞争策略有五种：

①低成本领导战略——以很低的总成本提供产品或服务，从而吸引广大顾客。

②差别化战略——寻求针对竞争对手的产品差别化，进而吸引顾客。

③最优成本供应商战略——通过以比竞争对手更低的成本提供品质优良的产品的方式，使顾客获得高性价比。

④基于低成本的聚焦（或市场点）战略——以某个狭窄的购买群体为焦点，通过为这个小市场上的消费者提供比竞争对手成本更低的产品或服务。

⑤基于差别化的聚焦（或市场点）战略——以某个狭窄的购买群体为焦点，通过为这个小市场上的购买者提供能够比竞争对手更能满足消费者需求的定制产品或服务。

以上无论是哪种竞争战略，都是为了给公司创造竞争优势，将公司准确地定位于市场。当公司在处理竞争力量和吸引购买者方面具有一定的优势时，公司就获得了竞争优势。战略进攻性行动可以以竞争对手的强势为目标，也可以以竞争对手的弱势为目标，可以采用终结性行动的方式，也可以采用同时多面出击的方式，可以是游击行动，也可以是先买性行动，而且进攻的目标可以是市场领导者、二流厂商，也可以是行业中最小或最弱的厂商。

保卫公司当前的市场地位的防卫战略通常表现为：为潜在挑战者的行动设置障碍，巩固公司当前的市场地位，同时采取各种行动和措施阻止竞争对手试图展开进攻（向他们表明，由此而引发的战争对提出挑战者来说得不偿失）。

战略行动的时机选择具有重要意义，首先行动者在有些情况下可以获得战略优势，而在有些情况下，作为一名快速市场跟随者可能要比做一名开拓型的领先者的成本更低，更容易。

5. 匹配战略方案

多年积累起来的业务经验一次又一次地表明：遵循好的战略制定原则可以避免灾难性的行动方案。我们把出现过战略失误的公司的教训总结为十条戒律，这十条戒律可以作为制定合理战略方案的指导原则。

①对于那些能够提高公司的长远竞争地位的战略行动要放在最为优先的地位，予以制定和执行。

②针对不断变化的市场条件、没有得到满足的顾客需求、购买者对某些更好的产品的期望、逐渐出现的替代技术以及竞争者的新的行动等，迅速做出调整。

③投资创造竞争优势，要想获得高于平均水平之上的赢利，使公司具有超越竞争对手之上的竞争优势是最可靠的贡献因素。

④避免那种只能在理想的环境下取得胜利的战略。

⑤不要低估竞争对手的反应和承诺。

⑥记住：攻击竞争弱势通常比攻击竞争强势能够得到更多的赢利并且所冒的风险更少。

⑦在不拥有一定的成本优势的情况下，要谨慎明智地采用降价策略。

⑧如果采用多元化战略，就要努力在质量或服务或产品性能方面形成

突出的差别。

⑨避免“中庸之道”式的战略，在低成本和高差别化之间寻找折中，在宽市场定位和窄市场定位之间寻找折中。

⑩时刻注意：为从竞争对手那里攫取市场份额而采取的进攻性行动常常会引起下列形式的报复：市场营销之战或价格战——这对每一方的利润都会造成伤害。

6. 建立战略资源

企业一旦确定了一个战略，工作重点就要转向将之转化为行动和好的结果。要使组织很好地实施战略需要不同的管理任务和技巧。制定战略大部分是市场驱动性的活动，而实施战略则主要是围绕人员和经营过程管理的运营驱动性活动。成功的战略制定过程有赖于经营远见、敏锐的行业和竞争分析以及好的资源匹配关系，而成功的战略实施则依靠于领导方面、与他人一起和通过他人工作方面、配置资源方面、建立和增强竞争能力方面、推行支持战略的政策方面，以及使组织运营其核心业务活动的方式与很好地实施战略的需求相符合等方面出色的表现。实施战略是一项行动趋向的、促使事物发生的任务，它检验着一名经理在以下各个方面的能力：指导组织变革、激励人员、开发核心能力、建立有价值的组织能力，在经营过程中得到不断改善、创建战略支持性的公司文化以及达到或超过业绩目标。

不管组织环境怎样，都应建立以下几个基础。

①建立一个有竞争力、能力和资源力量的组织以成功地实施战略。为关键的位置挑选适合的人才；清楚地明白组织需要的技术、管理人才、技术诀窍、核心能力、竞争能力以及资源力量；以有助于成功战略实施的方式组织业务流程、活动链活动和决策制定。

②建立预算以将足够的资源投入到对战略成功至关重要的价值链活动中。预算是战略实施的重要保障，关键的战略活动要得到100%的人力、

物力、财力支持。

③建立支持战略的政策和程序。积极开展最佳实践和建立支持战略的制度。

④对价值链活动进行最佳运作，并不断提高其运作水平。不同的战略对于价值链元素要求不同。价值链活动直接决定公司战略的执行效果。公司想要提高战略执行水平，就必须不断调整和优化企业价值链活动，提高其运作水平。

⑤建立信息、沟通、电子商务和运营系统，使公司的人员能够成功地承担其战略角色。信息交流体系是公司的中枢神经，在公司战略执行过程中发挥着无法估量的作用。及时高效的信息交流可以使管理者对环境因素变化做出及时地调整和反应，及时发现、解决问题，对战略执行过程中出现的偏差进行调整。

⑥将报酬和激励与达到业绩目标和实施战略相联系。绩效考核体系指引着员工前进和努力的方向，良好的绩效考核体系能够激发员工的工作积极性。公司的考核体系一定要与公司战略相匹配。

⑦创立一种支持战略的工作环境和公司文化。文化对人的影响潜移默化、深远持久，文化能影响人们的行为和决策，从而影响公司的战略执行。积极正面的公司文化能够使得员工更积极高效地完成任务。

⑧发挥带动战略实施所需的内部领导作用，不断提高实施战略的水平。如果没有宗庆后，可能就没有今天的娃哈哈。由此可见，强有力的领导保证了战略的成功。

不管形势的特殊性如何，这些管理任务会反复出现于战略实施的过程中。根据某些因素的不同，这些任务中的一项或两项通常会比其他任务变得更加关键或更费时间。这些因素包括：是否存在需要改进的重要的资源弱点或需开发的新能力、必须改变的约定俗成的行为模式的力量强弱、追求速成结果和提高期末财务业绩的压力大小，以及其他类型的特殊公司环境因素。

战略实施者们应首先查明为成功推行战略，组织必须做些什么不同的事情及做好什么事情。然后考虑如何尽快地做出必要的内部变革。成功的战略实施者在判断为很好地实施所选择的战略，他们的组织应该做些什么事情时有专门的技巧，并且在寻找方法以及有效地运作关键的价值链活动时极具创造性。

7. 管理战略组织

娴熟的实施战略很大程度上依赖于有能力的人，好于足够水平的运营能力、竞争能力以及有效率的组织，因此，建设一个有能力的组织一直是实施战略的首要事情。

（1）挑选人才

为关键的位置挑选有能力的人才，包括建立一支强有力的管理团队，招募并留住那些有着战略实施所需的经验、技术技能和智力资本的雇员。建立一支有能力的管理队伍必须确定实施战略所需的核心管理队伍的类型，然后寻找合适的人来填充每个职位，有时现存的管理队伍就很合适，有时需要从内部提升合适的人员或从外部引进经验、技能和领导方式各方面都合适的人，以加强或扩大现在的管理队伍。仅仅有一支好的管理队伍是不够的，用人才来配备组织的工作必须做得比一般的管理工作更加深入，以为有效的战略执行安置好所需的人力资源和知识基础。

（2）建立核心能力和竞争力

建立核心能力和竞争力，保证战略很好地执行，然后随着战略和外部条件的变化对能力/竞争力的内容进行更新。战略实施/执行中有关组织建设方面需要高度重视的是建立有竞争性、有价值的核心能力和组织才能的需求。这些能力可以帮助公司在运作一项或多项关键的价值链活动时，形成某种竞争优势；当对手能够相对容易地模仿聪明的战略，而公司很难或不可能在更高级的战略基础上超过对手时，通往行业领先地位的另一条途径是在实施战略方面超过他们。在对手能够随时复制另一公司的战略策略时，更佳的战略实施非常必要。建立对手无法相比的核心能力、资源力量和组织能力是在实施战略方面超过他们的最佳方法之一。

（3）构架组织结构和工作任务

以能够有益于成功地执行战略的方式组织经营职能和过程、价值链活动和决策制定。在怎样组织工作活动以支持战略方面，几乎没有什么有说服力的和能够迅速生效的规则。每家公司的组织架构都具有自己的特点，反映了被优先考虑的组织模式，随着内部环境、管理层对于报告关系的判断和由谁获得某项任命的政治态势而有所变化。而且，每项战略都根源于自己的一套成功关键因素和价值链活动，因此，一种经过定制的组织结构对公司比较适宜。但是，除了需要建立符合公司特殊状况的组织结构外，有些需要考虑的方面对所有的公司都是共同的。

8. 创建战略文化

每个公司有其独特的文化——自己的经营哲学和原则、自己的解决问题和制定决策的方式、自己深入人心的“我们如何完成周围的这些事情”的模式、自己的口头禅（用以表明公司的价值观和它们对雇员的意义的反复讲述的故事）、自己的禁忌和政治上的禁忌——换言之，是构成其公司文化的自有的牢固信念、行为和思维模式，经营实践和个性。

一种根植于与有效战略实施所需一致的价值观、习惯和行为准则的文化可以有助于激发人们以一种支持战略的方式工作，会显著增强战略实施的力量和效果。选择一种能够与现行公司文化中的“不可侵犯”的或不可改变的部分相一致的战略是决策者的责任。

（1）改变一种有问题的文化

变革一个公司的文化，且使之与战略相结合，是最艰难的管理任务之一。这是一个有难度的措施，因为人们长期固有的习惯会对旧的、熟悉的事物产生眷恋，这需要管理层花费一段时间，通过团结一致的行动，来剔除一些不希望存在的文化障碍，插入对战略更有支持的文化内容。

（2）象征性的文化变革行动

象征性行动的价值在于它可以向人们发出关于战略实施者希望鼓励的各种行为模式和业绩的信号。最重要的象征性行动是高层领导采取的、被视为榜样的那些活动——削减领导人津贴以降低成本；另一类象征性的活动包括任用和嘉奖那些做出新文化中所提倡的行动和业绩的人员。最好的公司和最好的领导会熟练地运用象征手法、角色榜样、仪式性场合和团体集会来加强战略和文化间的匹配。

（3）实际的文化变革行动

除了代表性的一马当先和象征性的领导促进采用新的行为模式，并针对新的方式沟通原因以外，战略实施者们还必须说服所有相关的人，这些努力绝不仅仅是表面的。讲话和象征必须有实际的行动和真正的活动作为补充，采取的行动必须是可信的、高度可视的，并能够准确无误地显示出管理层对新的战略措施和相关的文化变革的承诺。管理层真正致力于创建一种新文化的最强烈的标志包括：以“新培养”的经理代替旧文化中的经理，变革那些功能失调或阻碍新措施实行的长期存在的政策和运营实践，通过重组公司结构使之更加与战略相配合，将补偿激励制度直接与衡量战略业绩的新标准相联系，将物质资源从旧战略的项目和计划中转移到新战略的项目和计划中。

9. 行使战略领导

良好的战略管理的步骤是极其简单的：制订合理的战略计划，实施计划，使其得到充分的执行，进行必要的调整。但是，作为一个“积极的促进者”，需要扮演许多不同的领导角色：幻想家、主要的企业家和战略家、主要的行政长官和战略实施者、文化的缔造者、获取资源的人和对资源进行配置的人、能力的营建者、对过程进行综合的人、教练、危机的解决者、掌握任务的人、发言人、谈判者、激励者、仲裁人、协商者、政策制定者、政策强化者……有时成为独裁主义者和铁面无情的人是很有用的；

有时最好成为一名期望的倾听者和妥协的决策制定者；有时带着强烈参与特点的同事式的方式会起到很好的效果；有时扮演一名教练和建议者很有必要。许多场合要求领导成为能够经常见到并有着宽裕时间的人，其他则只需要在尖端的仪式性场合出现，而将细节授权给下属。

在极大程度上，重大的变革活动应当以公司远景为动力，并且从上层的领导开始，对变革活动的领导开始于对形势的判断，然后决定采用哪种方式处理。在推动战略良好实施的过程中，经理人员主要承担五种领导作用：

①通晓正在发生的事情的现状，密切监督进展，找出问题，了解在良好实施战略的道路上隐藏着怎样的障碍。

②促使公司形成一种文化和团队精神，从而使组织成员得到激励并“获得能量”，能够用一种适当的方式实施战略，保持高水平业绩的运营。

③保持组织对变化的条件反应力，对新机会的敏感，使组织不断产生各种革新观念，在发展竞争性的、有价值的竞争能力和才能方面领先于对手。

④实施道德领导，并坚持使公司像一个模范的公司公民一样处理各种事务。

⑤采取矫正行动，改善战略实施状况和提高整体组织业绩。

第二章 产品力

好产品为何没有好市场

据不完全统计，中国医药企业至少有5000家，并呈现不断上升趋势，在这么一个规模庞大的行业里，几乎每家企业都有属于自己独特的生存法则，几乎每家医药企业的老板谈起自身产品时，总会津津乐道于自己的产品力：是国家专利、第一个填补了国内的技术空白、选用珍贵原料等。他们执着地相信这样的产品应该拥有广阔的前景，应该一上市就收到脱销的好消息，然而，现实真的如此吗？一番市场调查后，产品的销量和口碑却不尽如人意，问起究竟，老板们口气也变得无奈，大有“千里马常有，而伯乐不常有”之叹。我们不禁反问：好产品为何没有好市场？

1. 定位出错

企业在营销的过程中需要思考的问题其实很简单，无非是“卖什么”“卖给谁”“怎么卖”这三大板块，抛开老板们引以为傲的“产品”不说，大部分老板对于自己的产品定位很不明确，几乎希望自己的产品人手一件，老少皆宜。然而，没有舍就没有得，舍弃一部分市场，根据产品特点精准定位到目标人群，才更能够让产品的营销渠道和品牌传播有的放矢！营销中常说，“需求就是市场”，然而现在我们要将这句话更严密一些，改成“找对真正有需求的人，才会有市场”！如果企业者在贪多求全的思维中一意孤行，则很可能让自己的市场在不痛不痒中悄然死去。

任何一位企业老板都应该十分清楚，现在是高度市场化的经济时代。

尤其是医药行业，同质化产品在市场上遍地都是，同样都是以迎合、满足需求来研发生产的，表面看起来，潜在市场应该无限广阔，但现实市场却寥若晨星。如何来刺激购买，引导消费？企业管理者们需要将更多的精力放在市场导向上，以差异化营销的方式找到区别于别人的战略和方法，管理与服务以及相关针对性强、有杀伤力的宣传手段和赢利模式，认清方向，找准定位，塑造产品的核心竞争优势。相反，如果不具备这些条件，再多的产品也只会增加库存压力，其实质说白了就是一堆不能变现为真金白银的废物，耗费这么多的资源及大量精力、人力，其结果换来的却是竹篮子打水一场空。

2. 没有规划

作为企业决策者，一定要有长远发展的规划和后劲，千万不能太感性了。

国内的中小企业老板普遍存在着这样的问题：没有什么战略和规划，也没有什么风险控制和管理措施，有也仅仅是自娱自乐型的，似乎都在凭感觉做事，产品要么销售跟风——想照搬成功企业的营销模式却心有余而力不足；要么就根据所谓祖传秘方或自身拥有的某种特定优势开发生产新的产品，凭主观感觉总以为会在市场上顺风顺水，最后难免中途夭折或者处于不温不火的尴尬境地。因此，如何发挥好各环节的优势资源，体现自身独到的价值，就显得尤为重要。当然，所有这些工作的成形都有赖于企业自身的长远眼光、配套资源和管理经验。

而对于一些大型企业而言，资金未必是个问题。但是他们则容易陷入另一个任性的怪圈：认为做品牌就是要砸资金，投入的资金越大回报就越大。其实不然，做品牌很需要钱但策略是第一位。有不少财大气粗的企业的产品最后做僵了或做死了。在大健康产业盛行的21世纪，很多企业都考虑着转型，比如霸王集团，作为洗发水企业，却涉足凉茶等其他行业，并邀请国际大牌明星做代言，结果让消费者摸不着头脑，严重稀释了品牌含金量，反倒弄巧成拙败下阵来。

3. 不合时宜

不合时宜的产品，通常有两种极端的情况。一种是进入市场太早，另一种是切入市场太晚。对于如今的医药企业而言，也许你在产品的剂型、工艺等研发层面取得了国际性突破，但是当这种优势不能够被不专业的消费者理解时，就免不了遭遇尴尬了。因此，此时你最大的成本就产生于教育或引导消费者，如果策略对头、资金充裕、执行有力，可能会成为市场的老大，但也有可能还没有唤醒消费者使用该产品，自己就已经“先走一步”了，成了市场的先烈，这就是介入市场太早的缘故。

如果介入市场较晚，比如医药行业的电子商务。由于医药行业的特殊性，至今天猫医药馆等网站还没能找到绝对与之匹配的营销模式，却也有不少摸着石头过河的企业获得了意想不到的效果。而一旦这个领域出现了接近饱和的情况，要想再进入，就很艰难了。那何时进入市场会更有利？简单地讲，就是在消费者对某行业或产品的认知成长期和需求成长期。通俗地讲，就是在行业初见前景但大家赚钱不是很多的情况下介入较好。当然，具体问题需要具体分析，每家企业还是需要根据自己所处的发展阶段来制定因时制宜的计划的。

4. 忽视品牌

好产品不等于好品牌。好产品是每个消费者都喜欢的，但事实告诉我们，当下的好产品并非仅此一家，竞争异常激烈。怎么办？当好产品不是唯一的时候，或者希望好产品继续、持续产生销售力的时候，依靠的就是品牌的力量。品牌给消费者最大的好处在于：既有安全感又有亲和力，消费者的忠诚度自然会比没有品牌的产品高出许多。

加多宝能成为中国的凉茶老大，是因为它最会做品牌。首先，具有较强的品牌意识，早些年就开始注意到品牌化运作，当时还是浓浓的中药味。但为了适应市场需求（适应市场就是适应更多人的需求），把传统的凉茶改为现在的甜味。其次，注意不断提升品牌形象与品牌附加值。大家最熟悉的是“要捐就捐一个亿，要喝就喝王老吉”的品牌行为，这是当时的加多宝（当时叫王老吉）品牌化的重要事件。也正是基于这样的品牌背书，消费者开始真正对加多宝品牌产生了极大的好感。最后，不断地与消费者沟通，消费者最终被打动了。加多宝无论在广告宣传、营销事件等各个层面，都迫切地希望与消费者充分沟通，拉近关系，这也是做品牌最好的习惯之一。

总之，产品策划者才是产品成功的灵魂所在，他们通过了解目标市场，理解决策者的处方动机，结合产品特点，策划出精练、有效、能引发决策者共鸣的信息，加以有效执行力的信息传递，一个产品就向成功迈出了最重要的一步。

洞察消费者与产品研发战略

企业常常愿意投入大量的成本去刺激消费者，教育他们一定要购买某个产品，却常常忽视了在新产品开发之初，去了解消费者的需求。结果，企业提供的产品与消费者的真实需求严重脱节，消费者总是不厌其烦地接收企业的产品广告、促销等信息，却对于企业所讲的产品表示出冷淡。这难免让费尽周折的企业家们委屈无奈。

1. 完善新产品开发的流程和体系

其实，对于企业来说，高超的产品研发水平并不意味着仅仅拥有先进的技术优势，更要从一开始就重视对于消费者需求的洞察。消费者有自己的思考逻辑，作为企业，我们需要考虑的是如何能够去适应消费者的逻辑，去关注消费者的浅层需求，去更多地观察消费者的生活，了解消费者如何使用产品，如何评价产品，以及他们到底有哪些不满足的地方。如果企业稍微修改一下新产品开发的流程和体系，从消费者的生活形态中挖掘潜在需求，结合当前的各类信息归纳总结出产品流行趋势，将这些信息变成吻合目标消费群体的产品概念，再去做产品开发的工作，如此，要让产品流行其实是一个水到渠成的事情。

2. 注重产品设计的细节问题

产品研发中的细节问题是很多厂家并不在意的问题，但现代营销注重的就是细节的问题，哪一个细节上的失误都会对整体的营销造成影响。以目前中国的科研技术水平，中国企业和国际企业的产品没有什么本质差别，但是实际差别在哪里呢？我们常常会谈到品牌的差别，但是对于很多依靠外观、功能设计为主导的产品来说，事实上，产品的设计水平也是重要的差别。很多消费者会莫名有一种“国外的月亮比国内圆”的错觉，这就是产品设计的差别。国内企业在产品设计的时候很少去真正了解消费者的需要。而在国际企业看来，先界定目标消费者、然后洞察目标消费者的形态，从这些形态和趋势中去寻找概念，再将这些概念落实为产品概念，最后再变成概念产品，这是必不可少、同时也是非常重要的产品开发的科学。他们的设计中心跟消费者的生活方式紧紧相关，并强调消费者的生活形态对于新产品开发的重要性。

3. 研发创新不是拍脑袋

在很多企业的产品研发部门看来，新产品开发似乎是个轻而易举的事情，无非就是模仿先进产品、跟进竞争对手产品、改良现有产品、想出一些新的产品。很多产品研发和设计师经常可以依靠自己的灵感就为企业设计开发出无数款新产品。在很多企业里，新产品的研发甚至由老板就可以全部策划完成。但是，灵机一动常常是短暂的，也是不可持续的，个人的创意是有限的，即使一个研发工程师、产品设计师以及老板如何英明，也不能保证企业的产品永远都是常胜将军。拍脑袋拍一个产品可能成功，但是要应对未来的竞争，拍脑袋只能获得投机，却不是持续的商机。

4. 造势不如借势，借势不如顺势

在科学界，几乎每年都有一些新技术、新研究成果诞生，而伴随着这么多最新技术、最新成果，诞生最多的就是新产品。近年来纳米技术、基因技术在科技界获得了重大突破，利用纳米技术研制的治疗癌症药物和利用基因技术制取的解决人类遗传类疾病的药物、生物制品也随之诞生。高新技术已被人们所认识并接受，而由此转化形成的生产力生产出的产品就更容易被人接受了。所谓造势不如借势，借势不如顺势，说的就是这个道理。由此可以看出，无论以上哪种情况，基本上都是对高新科技成果或权威机构的一种有效利用，虽然其最后的结果有好有坏，但都在产品上市初期取得了很好的效果，即使是现在，依然被一些医药保健品企业所喜爱。

总之，对于消费者的需求精确地把握能力和持续的策划能力是洞察力、判断力的有力体现，也是确保企业研发战略之路稳中求胜的必备条件。企业研发产品不是通常所认为的产品力和创新力的结合，更不可急躁冒进，贪多务得，关键在于公司每个重点打造的产品都能获得销售业绩的成功，让任何一个产品的产品力得到足够的释放。

产品力是成功营销之根基

中国市场上总会存在着一种营销尴尬，就拿医药行业来说从来不乏“百年老字号”，却很少有企业的产品能够成为真正的百年的品牌被消费者熟知的，相反“各领风骚三五年”的“游击”战术却比比皆是！企业在营销方面花了不少力气，聘请策划团队想出许多“精彩”创意，花大把银子请明星代言、广告轰炸、社交媒体营销进行全方位轮番战斗。无奈产品本身大多乏善可陈，与当初承诺相去甚远，再好的营销创意也无法持续，使“产品已随黄鹤去，市场空余广告词”的现象不断上演，留下诸如“手机中的战斗机”这样的笑话。

实际上，任何一个品牌的销售成长都要经历三个阶段：第一阶段，产品力销售阶段；第二阶段，传播力销售阶段；第三阶段，品牌力销售阶段。企业家们应该明白，依靠营销固然可以迅速见到成效，但要成为“百年品牌”，还是要从产品和研发本身做起。尤其是一些新品牌，在产品上市阶段，品牌本就没有什么市场影响力，如何解决产品自身的销售力就成了一个重要的课题。

1. 产品力主导药品的消费行为

对于药品而言，消费者的首要选择就是产品的质量和疗效。产品力在药品的消费行为中起着绝对的主导作用，而营销模式及推广手段等相对次要。一些企业存在着很大的投机心态，单纯想通过频繁地更换地域市场和营销模式，以产品概念炒作的方式来获取利益，毕竟这相对于产品力提升要容易些。然而其结果不但是自己难辞其咎，更殃及整个医药领域。近年来，医药行业的事件频频曝光，整个医药行业也面临着前所未有的信任危机。正所谓“医者父母心”，医药行业的道德观一直都是消费者考量的首要标准，离开了产品质量，提升产品力根本无从谈起，尤其是对于医药行业而言，产品力更是企业赖以生存和发展的基石。

2. 产品力保障医药产业链条的优化

医药企业的招商困局、终端困局等营销瓶颈一直难以突破，其实就是企业长期忽视产品力短板的结果。当同质化竞争激烈时，通过产品力的提升，可以使厂商之间的关系由短期的利益捆绑变为长期的战略性合作，使代理商能够进行系统的网络建设和品牌建设，同时增加终端的拉力，减少零售商因产品疗效差所产生的推荐风险，并重新确立生产企业的话语权，优化医药产业链上的各个环节，让医药产业逐渐向阳光型产业迈进。

3. 产品力带动医药企业的品牌建设

研发创新是必然的选择！随着国家监管力度的加大和市场竞争的日趋激烈，仿制产品在审批、定价上将受到限制，其竞争也将日渐乏力，产品研发已经成了众多医药企业不得不面对的课题。因此，制药企业首先要丢掉急功近利的想法，抛开想当然的产品开发思路，制定切实的产品研发战略，逐渐对资源进行调整，使之向产品研发倾斜。同时积极开展与药品研究机构、相关高校课题组等的合作，重视产品研发阶段的市场调研与分析，使产品研发与市场紧密结合，从而塑造更强大的产品力，带动企业持续发展。

4. 产品力是品牌建设的关键

正所谓“皮之不存，毛将焉附”，没有强大的产品力做支撑，企业的品牌建设无异于空中楼阁，无所依附。大企业难以维持品牌忠诚度，小企业难以打造品牌认知度，根本原因还是中国本土医药企业的产品力现状不容乐观。强大的产品力能促使品牌知名度转化为品牌美誉度，进而形成品牌忠诚，对中小企业而言，更能够明确品牌建设的方向和降低品牌建设的投入风险，使企业在未来的品牌竞争时代得以生存和发展。

随着医改的进行，国内市场的医药政策将趋于严格规范，药企投机取巧打概念牌的方式也将一去不复返。21 世纪中国的市场大门将全面敞开，中国本土制药企业势必迎来一次来自国际资本的冲击，新一轮的行业性整合就在眼前，大浪淘沙，成王败寇。在外资企业先进的研发技术和踏实的专业精神下，忽视产品力的企业必被淘汰，因为，产品力才是成功营销之根基！

产品研发遵循的战略原则

医药行业的新产品研发对企业的生存与发展至关重要，尤其是在同质化竞争严重的今天，产品的升级换代和创新成了企业打造竞争壁垒的必然选择，但是成功地开发新产品并非易事，创新固然是贯穿研发过程的灵魂，然而为了提高新产品开发的成功率，医药企业在研制和开发新产品时，应该遵循以下基本原则。

1. 以市场客户为导向原则

企业研发产品的目的是为了满足消费者尚未得到充分满足的需求，因此，企业要想使研发的产品能够迅速取得成功，必须迎合市场需求，通过深入的市场调研和科学预测，分析消费者需求变化趋势以及对产品的品质、功效、剂型、包装、款式等方面的要求，把消费者不断变化的需求以及市场的发展变化情况作为调整产品开发战略的依据和方向，并且根据需求的内在规律性创造需求、引导需求。只有这样，企业研究开发的新产品才能得到社会的认可和接受，才能真正赢得市场。

2. 风险与赢利平衡原则

新药研发具有投入大、周期长、技术含量高的特点，且是一项复杂的系统过程，涉及众多科学的基础理论和最新技术，需要经过大量化合物的设计、合成和筛选，药效和安全性评价、临床评价和质量检验等一系列步骤，目前，国内创新药物上市直接研发费用至少数千万元，平均每个品种要花 12 年时间，因此，在充满不确定性的市场经济环境中，医药产品研发的风险可想而知。这些风险包括：市场风险、营销风险、政策风险、收益难以抵补成本的风险、信息系统风险等。实际对其他行业来说，也存在这些风险。这些风险的发生不但会给企业自身造成财务、信誉等方面的损失，而且可能影响企业全局乃至整个行业的发展。所以，企业的新产品开发必须在既有的法律规范框架内，在有效地控制风险和实现风险和收益均衡的条件下，既规范稳健又灵活大胆地进行。

3. 核心优势原则

靠山吃山，靠水吃水，企业在研发过程中要根据自身的资源、设备条件和技术实力来确定产品的开发方向，找到并强化自己的核心优势。产品开发贵在与众不同，新颖别致，才能形成自己的特色优势。这种特色可以表现在功能、造型上，也可以在包装上、品牌上等其他方面，企业可以从这些方面寻找消费者的不同需求和特殊爱好，充分发挥自己的核心优势，激发消费者的购买欲望。

4. 创新原则

我国医药企业长期被企业多、规模小、成本高、效益低等顽疾所困，整体缺乏技术创新能力，多以仿制药为主，很少有自己的创新药物，医药市场中产品缺乏异质性，无知识产权的低端药品充斥市场，这根本无法帮助企业实现有效的资本积累。企业的资产规模也限制了企业对技术创新风险的承受能力，这些都迫切要求我国药品生产企业加大研发投入，创制出独具独立知识产权的新药。

5. 经济效益原则

开发新产品必须以经济效益为中心，这是企业的经济性所决定的。企业对拟开发的产品项目，必须进行技术经济分析和可行性研究，以保证产品开发的投资回收，能获得预期的利润。不能为企业创造任何利润的产品，其研制开发对企业来说没有任何经济意义。有的产品，尽管市场需求相当大，但如果企业缺乏研制开发和市场开发能力，也不能盲目跟风，必须量力而行。

产品力的五大核心要素

产品力是指企业开发满足顾客需求的产品和服务的能力。好的产品在顾客购买前、消费中、消费后自己都会说话。没有产品力的营销是无根之木，只能依靠虚假炒作、不能兑现的承诺、饮鸩止渴的促销、竭泽而渔的短线操作等来实现眼前的虚假繁荣，终免不了大厦倾倒的结局。企业在打造产品力的过程中应注意以下五大核心要素。

1. 产品的质量

没有优质的产品和安全的质量，再好的营销也会大打折扣。因此，企业营销的出发点就必须回归到产品力本身的产品质量。产品的质量甚至可以说是企业的生命。离开了产品质量，品牌、发展、竞争等都是“空中楼阁”，尤其是对于医药行业而言，产品质量更是行业赖以生存和发展的基石。产品质量，不仅成为了现代企业永恒发展的一个主题，更是品牌实现“百年基业常青”的重要砝码。如同仁堂依靠多年的经营，成功在消费者心目中树立了道地药材的竞争实力。在企业生存和发展“靠质量树信誉，靠信誉拓市场，靠市场增效益，靠效益求发展”的今天，谁拥有过硬的产品质量，谁就能在激烈的市场竞争中脱颖而出，就能在市场经济的大潮中立于不败之地。大量事实也充分证明，只有重视质量的企业才是有活力的企业，才是有前途的企业。

2. 产品的刻画

产品的刻画是指企业生动、深刻地描述和表现产品。具体刻画和表现产品的形式有文字、声音、图片、影视多媒体、活动展示、产品实体展示等。中国有句俗话：耳听为虚眼见为实。因此，如果要说服顾客购买，单凭一张嘴是不够的，而且效果也未必大，如果您能够善用图片等视觉化工具，效果便会显著增加。产品包装和陈列是非常关键的环节，它们能够提高产品在销售终端的曝光率，更好地争夺顾客注意力，激发顾客继续深入了解的兴趣。因此，必须重视产品在终端的展示和陈列，如争取更大、更好的陈列位置，做堆头、专柜等特殊陈列，使消费者更容易看到和拿到。

产品陈列得不好，那么整个销售过程将会脱节，如果产品陈列得好，消费者对产品的注意力就将明显地提高，并通过其他因素的协助共同完成产品购买的整个过程。

3. 产品的命名

一个好名字能够为企业省下千万元的广告费。产品的命名是产品最大化的浓缩，是顾客了解产品的第一元素。好的名字会让企业在品牌宣传时事半功倍，反之，差的名字就会让企业事倍功半。一个好的品牌名称应当符合三大标准：①好说、好听、好记；②能激发好的联想；③凸显并向顾客传达产品利益或卖点。在品牌命名时，可以选用有直接意义的词，也可以选用不相关的字组成一个无意义但可以激发良好联想并能传递产品利益的词。比如：路虎、脑白金、伊人净、丸美等。同时注意，在选用有明显意义的中文词语时，要特别注意该词语意义与产品利益的关系。如果处理不当，会让企业多花广告费用，如果处理得当，则可帮企业节省广告费用。

4. 产品的文化

当“爱她就请她吃哈根达斯”令人耳熟能详时，哈根达斯代表的就不再是冰激凌了，而是一种爱情文化；当“要捐就捐一个亿，要喝就喝王老吉”在全国蔓延时，王老吉代表的就不仅仅是凉茶了，而是爱国情感。在消费者文化程度越来越高的今天，产品的文化内涵也应该相应提高。产品文化内涵得以确立，这是塑造品牌的第一步，也是产品在消费者心中生根立足的体现。对此，企业首先要做的就是收集市场信息，包括竞争对手产品的文化内涵及被接受程度，市场上品牌分布状况，产品特点、档次等，通过细分市场、间隔与各大品牌竞争，再以自己的产品特点为依据确定合适的文化。在这过程中，企业应遵循的最重要原则，就是“避免跟风”和“自以为是”，因为，改变消费者的心智非常困难，要想被广大消费者认可首先就得了解他们是怎么看你的。

5. 产品的附加

产品的附加是指顾客购买有形产品时所获得的全部附加服务和利益，包括提供信贷、免费送货、质量保证、安装、售后服务等。美国学者西奥多·莱维特曾经指出："新的竞争不是发生在各个公司的工厂，而是发生在其产品能提供何种附加利益（如包装、服务、广告、顾客咨询、融资、送货、仓储及具有其他价值的形式）。"其实无论是有形产品还是无形服务，本质上都是服务，是顾客解决方案的全部和一部分，就区别而言，有形产品是可分销的服务，纯粹的无形服务是产销不可分离而已。这一条在尚未完全树立"信任度"的医药电商领域尤其适用，医药电商们越能提供全面、贴心的咨询、售后服务，越能够赢得消费者的好评，从而在网络营销上形成良好的口碑效应。

总之，"产品力"才是营销之本，而企业营销的出发点更应当回归到产品力本身上。

产品线规划与产品整合

一个不容忽视的现象是，很多企业在不断地推出新产品，新产品前赴后继地上市亮相，又不约而同地昙花一现，甚至新产品的销量上升是以老产品的销量下滑为代价，企业总的产品销量并没有获得增长，新产品的生命周期越来越短，产品增长的肥皂泡越聚越多。究其原因，产品线之乱！

1. 审视自己的产品线

对照以下四个现象，你可以发现自己企业的产品线是否混乱。

（1）产品之间产生自相残杀

有很多企业它仍然希望借助于新产品来增加销量，却没有发现产品线的延长导致了产品间功能、价格不可避免地发生重叠，这就意味着目标客户群是重叠的，自相残杀的恶果自然难免。

（2）营销费用增长幅度过快

很多企业以为只有占领了经销商的货架，才能占住接触消费者的前沿阵地。却忽略了这种过度的行为提高了消费者购买成本的同时又降低了企业利润。而实际上，产品的销量只取决于你掌控的最终用户。

（3）资源配置效率低下

产品线的过度复杂，经常会出现资金和内部的资源被平均化的分配的情况，这种大而全的分配方式极大地消耗了企业资源却得不到真正的效用。

（4）企业的成本上升但产品的品质却下降

企业只考虑产品线的整体数量，这使得企业经理人往往没有足够的精力去关注更重要的问题。任何一个企业的生产线的柔性都是有限度的，过度复杂的产品线导致生产的转换成本提高，这个过程中就带来了产品质量的下降。

针对以上四点，我们要考虑产品线的规划和整合的问题，那么第一步就是从现在开始自我审视！

①企业在经营多少个产品？

②利基或量基产品有几个？

③哪些是有竞争潜力的产品？对此，你的发展计划是什么？

④无效产品产生的隐性成本有多大？

⑤你是否觉得一个新产品进入市场会带来原有主力产品的销量下降，而这并非是你本意？

2. 制定细分市场并整合产品线

国内企业要做产品线规划，首先要做一次“减肥”，要根据市场细分重建产品线，先做好减法，再做加法。这个道理看起来简单，实施起来却很有难度，尤其对于销量压力大的企业而言，放下一个产品，就意味着放弃一部分销量，所以，我们建议企业在短期内从产品线规划着眼，但在着手的时候立足于产品区域规划，先从区域进行缩减，但这一定要契合整体产品线规划的目标；从长期来考虑，企业一定要改变重销售、重渠道的这样一种状态，改为重市场。之后，企业要解决的问题是建立研销协同，要改变研发的模式。

依据细分市场扩展产品线需要注意一个问题，就是市场细分的要素和规则是在不断变化的，而且这种变化是缓慢的、渐进的，所以企业要能捕捉消费者需求的细微变化。企业要根据细分市场重建自己的产品线，只有一种方式，那就是要理解消费者。但这在消费品市场并不容易做到，因为大众消费品市场群体是分散的，这个群体非常难以界定和描述，如何理解这个消费群体的需求，就变成了决定企业成败的关键环节。企业要走入客户的心，就要花足够的精力研究市场，研究消费者的区别和群体的界定，以及消费者的需求，然后再来界定企业自己的产品线，使得产品和细分市场能够形成配置的关系。

现在，已经有一些领先的企业认识到以细分市场实施产品规划的重要，也就是要占领消费者的心理“货架”，这是很多先进的企业采用的办法。但是，也有很多企业片面地用定位理论来解释这种产品规划。事实上，定位一定要分两个层次：首先是市场定位，其次才是心理定位。市场定位捕捉的是消费者外在的需求，也就是性价比；心理定位捕捉的才是消费者内在的需求、偏好。只有在性价比符合自己要求的前提下，消费者才会去考虑他的偏好。也就是说，心理定位以市场定位为前提，首先要强调市场规划，通过市场定位去扩充产品线。

在选择了细分市场并对细分市场进行优先级排序的基础上，各产品线/事业部门将制订各自的产品线业务计划。制订产品线业务计划将结合公司发展战略和业务目标，以及产品线业务目标，对市场占有、利润增长及新增长机会的整体愿景、目标与目的进行描述，制定目标时要考虑以下问题。

①产品线整体愿景（3～5 年）是什么？

②产品线在未来 2～3 年的目标与目的是什么（按年）？具体地说，在哪些方面会占有更多的市场、获得更多的利润增长？

③与公司目的与目标是什么关系？

④今年会关注哪些新增长机会？包括对新兴业务（第 2 年）与市场试验（第 3 年）的投资？

⑤所选的业务规划如何支持公司的品牌取向？

如何制定产品组合战略

任何一个产品都有其生命周期，极少有企业能够靠经营单一的产品实现长期发展，但如前所述，企业经营的产品也并不意味着越多越好。企业选择生产和经营一些保证企业有利的产品，制定好其相互间的配合关系，就是企业产品组合战略。

1. 产品组合分类

在这个过程中，企业最要紧的是找出公司的赢利产品和亏损产品，根据波士顿矩阵，我们可以将企业的产品分为以下四类。

（1）“金牛类”

这类产品有着高市场份额、低增长的特点，它们会产生大量现金，通常将超过维持市场份额所需的再投资。超额部分的现金，不必也不应再返还给这些产品。实际上，如果回报率超过了增长率，要无限制地返还现金也是不可能的，除非把回报压低。这类产品是成熟市场中的领导者，有较高的边际利润，但即便如此，其未来增长前景仍旧有限。这类产品适合采用稳定战略，要保持市场份额。

（2）“瘦狗类”

这类产品有着低市场份额、低增长的特点。它们可能会有一些账面利润，但要维持市场份额，就必须把所获利润重新注入这些产品，而不会有什么现金盈余。从本质上看，这一类产品如果不变现，留在手中毫无价值可言。这类产品适合采用收缩战略，出售或者清算业务，以便将利润等资源转移到更需要、更有利的区域。

（3）“问号类”

这些产品具有低市场份额、高增长的特点，需要的投入总是大大超过其所能产生的现金。不提供现金，它们就会落后乃至死亡。在成为市场领先者之前，“问号类”产品将一直是一种负担。这种产品需要巨额现金投入，而它本身却产生不了这些现金。这类产品要分类解决。如果产品符合企业发展长远目标，企业自身有资源优势，能够增强企业核心竞争力，那么就要采取增长战略，扩大市场份额，即使短期内无法获得收入也要增长，要有长远眼光。反之，则采用收缩战略。

（4）“明星类”

这类产品具有高市场份额、高增长的特点，它们几乎总会有账面利润，但却不一定能产生自己所需的全部现金。然而，如果明星能够保持领导地位，那么在增长放缓、再投资的需求消失之后，它就会成为一棵摇钱树。明星最终会变成金牛，产生大量高利润率、十分稳定和安全的现金回报。这些现金回报将可再投资于其他产品。这类产品适合采用增长战略，要时刻保持与市场同步增长，有差异性，在同类产品市场脱颖而出。

任何产品，最终不是变“金牛”，就是变“瘦狗”。一项产品的价值就在于在增长放缓之前取得领先市场份额的地位。任何一家公司若要取得成功，就必须拥有增长率和市场份额各不相同的产品组合。组合的构成取决于现金流量的平衡，高增长的产品需要有现金投入才能获得增长；低增长的产品则应该产生大量的现金。这两类产品缺一不可。在合理的产品组合中，高市场份额、高增长的明星是未来的保障；“金牛”供给了未来增长所需的资金；增加投入，“问号”将转变为“明星”。

2. 产品组合策略

针对市场的变化，产品组合包括如下策略。

（1）产品线扩散策略

包括向下策略、向上策略、双向策略和产品线填补策略，比如增加“明星类”产品的统一产品的规格、型号、款式、增加与其相配合使用的产品等，这可以帮助企业提高市场占有率，减少市场风险。

（2）产品线削减策略

比如削减象征着失败的“瘦狗类”产品，企业应该在其增长阶段取得市场领导地位，如果不能则要及时撤退，及时止损。

（3）高低档产品策略

在原有的产品线内增加高/低档次、高/低价格的产品项目，比如增加“明星类”产品的产品线，充分利用企业现有生产能力，补充产品项目空白，形成产品系列。

由于市场需求和竞争形势的变化，产品组合中的每个项目，必然也会随之发生分化，一部分产品获得较快的成长，一部分产品继续取得较高的利润，另外一部分产品则趋于衰落。企业如果不重视新产品的开发和衰退产品的剔除，必将逐渐出现不健全的、不平衡的产品组合。为此，企业需要经常分析产品组合中各个产品项目或产品线的销售成长率、利润率和市场占有率，判断各产品项目或产品线销售成长上的潜力或发展趋势，以确定企业资金的运用方向，做出开发新产品和剔除衰退产品的决策，以调整其产品组合，维持产品组合的动态平衡。

创新产品定价策略

价格是客户愿意并且能够为你的产品或服务支付的金额，人们一般以为价格是便捷的可控制因素，而实际上，产量和成本比行业的价格更容易改变，改变行业价格的行为会导致价格水平潮水般地此起彼落。它综合体现了你产品的特色、质量、服务、利润及公司形象等方面，因此，你的定价决策必须有合理依据，必须能够在和对手竞争中占据优势，必须能够确保企业利润最大化。

1. 一般定价策略

如果你的生产能力足够强大，你将有足够的资本来压低价格，将价格压低到能够打消竞争者投资这一领域的念头，你将可能获得令人垂涎的垄断地位。不过，如果提高价格的同时你还能保持充足的生产能力，则是更好的局面。此外，维持价格优势的你更应该将利润投入到新增生产能力上，保证较高的营运比率，你就能保证产品的成本水平高于竞争者的平均成本优势。而如果同竞争者相比固定成本较高时，你对营运比率的变化会更加敏感，因为不管是什么原因导致短期价格下跌，只有能产生较高的营运比率，你才能保住相对成本的优势。

当你拥有最新低成本生产设施时，只要能充分发挥这些新设施的作用，产品的低价格就是合理的，同时这样的价格还是维持相对成本优势的先决条件，相反，产品更高的价格会造成缩减市场的不利恶果。拥有新的低成本设施的生产商必须诱使对手相信，自己有能力、也有决心无限制地压低产品价格，必要的话，可以把价格压到低于他们的成本，而自己的新设施的营运则维持在行业的平均水平上。不过，要是不必通过压价就能充分发挥新设施的生产能力，则是上上之策。

当你拥有较高成本的生产设备时，当务之急是要让对手相信高价对大家都有好处。这样就能抵消掉自己在相对成本上的劣势。或者，可以让对手认识到通过价格战挤掉自己的既得市场将得不偿失。如果它能诱使对手采用非价格竞争手段，那么这些对手就有可能增添额外的成本，而其新设备的高效生产能力的内在优势则暂时不能实现。

综上所述，可以得出以下结论。

①短期的提价会提高新生产能力，降低市场需求，却会减少行业的长期利润。

②相对来说，短期的提价给高成本生产商带来的好处要比低成本生产商多。

③对于成本较低的生产商而言，在充分发挥生产能力之前，降价都是利多弊少。

④对于成本最低的生产商来说，上上之策是在尽量减小降价幅度的情况下，说服竞争对手允许自己充分利用生产能力。

⑤高成本生产商的上上之策则是要令人相信，市场份额要经过很长的时间才会有所变动，因此保持一个实际可行的行业最高价对大家都有好处。

2. 新品定价策略

对于新产品而言，定价的难点在于无法确定消费者对于新产品的理解价值。价格定高了，难以被消费者接受，影响新产品顺利进入市场；定价低了，则会影响企业效益。针对新产品，常见的定价策略有三种。

①对于全新产品、受专利保护的产品、需求的价格弹性小的产品、流行产品、未来市场形势难以测定的产品等，可以在上市之初，将新产品价格定得较高，在短期内获取厚利，尽快收回投资。但是，从根本上看，这种撇脂定价是一种追求短期利润最大化的定价策略，若处置不当，则会影响企业的长期发展。因此，在实践当中，特别是在消费者日益成熟、购买行为日趋理性的今天，采用这一定价策略必须谨慎。

②对于需求价格弹性较大、存在着规模经济效益的新产品，可以在上市之初将价格定得较低，吸引大量的购买者，扩大市场占有率。采用渗透价格的企业无疑只能获取微利，这是渗透定价的薄弱之处。

③当不存在适合于撇脂定价或渗透定价的环境时，公司一般采取适中定价。这种策略尽量降低价格在营销手段中的地位，重视其他在产品市场上更有力或有成本效率的手段。

撇脂策略、渗透策略和适中策略何者为优，不能一概而论，需要综合考虑市场需求、竞争、供给、市场潜力、价格弹性、产品特性、企业发展战略等因素才能确定。在定价实务中，往往要突破许多理论上的限制，通过对选定的目标市场进行大量调研和科学分析来制定价格。

3. 心理定价策略

每一件产品都能满足消费者某一方面的需求，其价值与消费者的心理感受有着很大的关系。企业在定价时可以利用消费者的心理因素，有意识地将产品价格定得高些或低些，以满足消费者生理的和心理的、物质的和精神的多方面需求，通过消费者对企业产品的偏爱或忠诚，扩大市场销售，获得最大效益。

（1）整数定价

对于那些无法明确显示其内在质量的商品，消费者往往通过其价格的高低来判断其质量的好坏。在整数定价方法下，常常以偶数，特别是“0”作尾数，来给消费者造成高价的印象。整数定价策略适用于需求的价格弹性小、价格高低不会对需求产生较大影响的商品，如流行品、时尚品、奢侈品、礼品、星级宾馆、高级文化娱乐城等，由于其消费者都属于高收入阶层，也甘愿接受较高的价格，所以，整数定价得以大行其道。

（2）尾数定价

尾数定价又称“奇数定价”“非整数定价”，指企业利用消费者求廉的心理，制定非整数价格，而且常常以奇数作尾数，尽可能在价格上不进位。比如，把一种毛巾的价格定为2.97元，而不定3元；将台灯价格定为19.90元，而不定为20元，可以在直观上给消费者一种便宜的感觉，从而激起消费者的购买欲望，促进产品销售量的增加。

（3）声望定价

这一策略适用于一些传统的名优产品、具有历史地位的民族特色产品，以及知名度高、有较大的市场影响、深受市场欢迎的驰名商标。这是根据产品在消费者心中的声望、信任度和社会地位来确定价格的一种定价策略。声望定价可以满足某些消费者的特殊欲望，如地位、身份、财富、名望和自我形象等，还可以通过高价格显示名贵优质。

（4）招徕定价

这一定价策略常为综合性百货商店、超级市场，甚至高档商品的专卖店所采用，它们将某几种商品的价格定得非常之高，或者非常之低，在引起消费者的好奇心理和观望行为之后，带动其他商品的销售。

创新产品内涵与产品外延

产品力是成就品牌的基石，由产品的内涵与外延构成，内涵与生俱来，外延后天打造。

1. 内涵是硬道理

产品是以满足消费者需求为前提的，从长远来看，产品内涵永远是企业打造品牌金字塔的基石，尤其是关乎民生的医药健康领域，把产品质量放在第一位是企业的不二之选！聚焦一个好产品进行市场突破，继而衍生出系列品牌，也是将其营销价值最大化的必由之路！对于医药健康行业的产品来说，其产品内涵主要包括以下几个方面。

（1）质量疗效

毋庸置疑，医药行业产品的疗效是消费者选择的第一标准，产品无疗效企业等于自砸招牌。比如当年的脑白金，如果仅凭广告轰炸而没有效果，相信也不能够助史玉柱东山再起。当然，目前营销还存在的另一个问题是，过度功效承诺。这是企业饮鸩止渴的方法，严重的甚至会影响到整个行业的信誉。

（2）技术配方

产品的技术配方决定了产品的功效，也决定了产品的成本。在健康知识日渐普及的今天，消费者对于医药的认知也有所提高。随着跨国企业进入中国市场，创新研发技术，升级改善医药配方成为了国内企业不得不认真探索的课题！

（3）批准认证

药品生产单位要获得生产的批准文号，必须在生产新药前经国家食品药品监督管理局严格审批后才可以，这相当于人的身份证，只有获得批准文号，药品才可以生产、销售，这也是企业责任心的体现。再比如 ISO 9000、ISO 14000、OHSAS 18000 管理体系认证，以及先后获得国家关于产品企业必须具备的“质量体系认证”“食品市场准入认证”“食品安全认证”等，这些都在一定程度提高了产品内涵的竞争能力。

（4）原料选材

中药行业近年来一直呼吁着用药材的正宗来保证中医行业的发展，而“道地药材”“GMP（良好作业规范或优良制造标准）标准”也成了企业值得骄傲的产品力体现，所谓“药材好，药才好”，原料选材的重要性不言而喻。

（5）企业背景

产品或多或少地都会因为其企业背景而被打上了标签，在消费者看来企业背景也是产品力的一种体现，比如提到跌打损伤，消费者会自然想到云南白药；提到板蓝根，人们会想到白云山，真是因为这样的龙头企业背景，才大大提高了其产品力！

2. 外延是软实力

产品的内涵是基石，产品的外延则是软实力，当产品满足消费者基本需求时，注重产品本身之外的延伸，更能够取得消费者的好感。在竞争激烈的 21 世纪市场，企业只有找到产品更好的外延表现方式，才能最终实现产品营销的成功。

（1）产品设计

产品设计是表现产品灵魂和企业文化的重要方式，其价值不逊于产品的研发，设计可以把文化嵌入产品，以最少能耗提升产品的层次。如劳力士等名表，经过精工细作的产品设计，可以将成本千元不到的产品提升到几十万元，这就是设计——产品的美学价值。再比如同样是褪黑素，脑白金设计成“1+1”的服用方式以及高端大气的产品包装，使其成功打入礼品市场。

（2）产品定位

确定好的市场定位才能有针对性地确定产品的精神，针对不同年龄的人群、不同层次的市场，产品定位的理念以及宣传方式也将不同。脑白金定位礼品市场，iPhone（苹果手机）定位高端人群造就了他们不同的产品理念，一个是孝心、一个是创新。

（3）产品概念

产品的概念需要不断地深入挖掘，如欧诗漫向我们展示的是来自江南水乡的护肤文化、同仁堂向我们传递的是道地药材理念、茅台酒代表的是国宴水准等，这些都需要企业通过复杂的竞争形势，找到自己产品的特色，深入挖掘来吸引消费者的眼球。

（4）产品文化

医药行业的很多产品拥有几十年乃至上百年的历史文化，比如古汉养生精，有汉代的马王堆流传至今的养生方，几十年来一直是湖南市场的拳头产品，用“古汉养生精，代代传真情”来讲述这一产品的文化可谓恰如其分。

最后，笔者想说：产品力是竞争力、销售力，是策划、创意升华后产品的综合要素的总和，它决定着企业能否做长做久。没有过硬、满足消费者需求的好产品，无论花多大精力推广，投入多大成本，都经不住时间和市场的考验。

产品线延伸与产品战略

1. 产品线延伸

当产品在市场上发展到一定规模时，想继续做强做大，攫取更多的市场份额，往往会采用产品线延伸的产品策略，它主要借助消费者对现有产品的认知度和认可度推出新产品，以期通过较短的时间、较低的风险来快速赢利，迅速扩大市场。然而，产品线延伸并不意味着企业可以一劳永逸，对大多数企业而言，产品线延伸意味着新的问题和新的风险。

（1）产品线延伸策略的三种类型

①向上延伸策略。企业原本生产中低档产品，后在现有的产品线基础上向高档产品市场延伸。向上延伸可以有效地提升品牌资产价值，改善品牌形象，一般而言，高档产品的利润丰厚，如果其市场潜力大，而且企业又具备进入的条件，则应抓住机遇，开拓高档产品市场。但是，绝大多数企业面对的最大障碍往往在于如何实现企业和产品的成功转型，使消费者确信企业有能力生产高档产品。

②向下延伸策略。原本生产中高档产品的企业在现有的产品线内增加中低档同类产品进入中低档产品市场。这可以使企业资源得以更充分利用和进一步分散经营风险。但这种策略如运用不当，有可能会损害原有产品的声誉和企业的整体形象，降低品牌忠诚度，消费者难以区分产品项目的角色。另外，由于中低档产品可能需要另辟销售渠道，有可能会增加企业营销费用的支出。

③双向延伸策略。正在生产中档产品的企业在现有的产品线内增加高档或低档的同类产品项目，将同时进入高档或低档产品市场，从而扩大企业的市场阵地。但是，只有企业在中档产品市场上已取得市场竞争优势，且有足够的资源和能力时，才可以进行双向延伸，否则还是单向延伸较为稳妥。

（2）产品战略管理

产品线不断加长固然可喜，然而如果产品线扩展造成混乱，将会造成淡化品牌原有的个性和形象，增加消费者认识选择的难度，销售数量难以冲抵开发和促销成本，甚至会造成同一产品线中新老产品自相残杀的局面等。如何避免这些问题，产品的战略管理成为产品线延伸中不得不认真考虑的问题。

①延伸的底线在哪里。总有一个问题令企业头疼：产品线延伸的底线在哪里？当霸王推出凉茶，海尔转攻 PC（个人电脑），娃哈哈卖起了纯净水……我们看到了企业在品牌延伸上的勇气可嘉，也看到了企业在品牌延伸上的急功近利。事实也证明，消费者往往对一些品牌延伸并不买账，根本的症结在于，延伸产品的特性与品牌的核心价值不相适应。

企业在进行产品或品牌延伸时，不能只看到市场空隙背后巨大的利润空间，而忽略分析自身的品牌定位及品牌核心价值。现有品牌的核心价值层面是否支持即将进行的产品线延伸？支持到什么程度？这些都需要企业进行严谨、理性的分析，盲目的延伸只会让消费者产生混乱感，继而失去对品牌的信任。因此，在产品延伸中，品牌核心价值决定了品牌延伸的最大范围。如果具有相同的核心价值，即使是在类别差异甚大、属性各不相同的产品之间也可以进行延伸，反之亦然。

②延伸的后路在哪里。企业经过产品线延伸后的新产品再次面临渠道的规划和设计，这是让许多企业都犯难的问题。选择原有成熟产品的渠道，销量不但没把握跟上，还可能与原有产品形成冲撞，这让渠道商很难接受，而选择新渠道，则面临着开发成本高、风险大的难题，尤其是专业的强势渠道，新品的进入概率可谓少之又少，这是中小型企业很难攻克的瓶颈。

其实，产品的渠道战略是一个选择的过程，它需要企业在权衡中加强渠道的渗透力度。企业可以根据不同的产品定位和产品的最终用户来选择渠道，要平衡好其现有资源与满足顾客之间的关系；通过比较不同渠道的获利能力，选择最适合企业的组合渠道和便于日后调整和改进的相对稳定性的渠道；此外更要了解到主要竞争对手使用的渠道种类以及每条渠道的市场份额，并将这些数据与自身的情况对比，通过分析每条渠道的相对获利能力、渠道种类的增长速度以及市场覆盖率，让企业在市场竞争中更加有的放矢。

2. 产品战略管理

目前在国内很多企业中，产品战略存在以下问题：产品线的愿景和目标不明确或者没有；产品线/产品在企业发展过程中所扮演的战略角色没有或不明确；产品在公司发展的过程中没有明确的使命、发展规划，更没有战略角色定位；产品线/产品之间的关系（竞争还是互补关系）不清晰；没有明确的产品线划分，更没有真正意义上的产品经理；公司级的愿景和目标没有产品战略的支撑；区域产品规划不具体，全国区域产品策略“一刀切”。对此，不妨采取以下措施。

①通过梳理公司的产品地图，明确公司各产品线/产品的关系（竞争还是互补关系）；通过产品细分明确了公司主要产品的目标客户群及其特征，解决产品定位及产品线/产品的发展方向为题。

②通过产品排序，明确哪些产品是聚焦产品，哪些产品是重点突破产品，解决产品在公司的使命及战略角色定位不明确的问题。

③通过确定区域、渠道、产品线/产品，明确在哪些区域主推哪些产品；找到新产品快速增长的路径，解决产品怎样“卖好”等问题。

④通过各区域产品细分、SPAN（跨度、范围）分析、区域竞争对手的确认与各自优劣势的分析；明确自己区域产品结构的合理性及提高产品销售的途径，解决了区域产品策略全国“一刀切”的问题。

⑤通过区域产品、渠道和子区域、各个产品的战略角色定位（用哪些产品打击竞争对手，哪些产品追求规模、哪些产品进行布局）的确定，解决用什么策略来有针对性打击竞争对手。

⑥通过培养区域办事处经理的营销能力（学会分析产品市场潜力、竞争地位、目标客户群及其消费特征、本区域的产品结构等），制定有针对性地区域产品策略。

最后，我们想说，世界上只有 10% 的企业能把自己的战略执行下去。有调查表明：70% 的战略和策略失败的问题不在于战略本身，而在于产品战略管理及执行的失败。第一是57%的企业只有战略没有策略；第二是53%的企业缺乏将计划有效运作起来；第三是45%的企业缺乏分目标的关联和层次。由于数据来源的不一致和没有关联分析，管理人员的40%的时间花费在无效的计划、报告和预测上。所以有了战略还要有落地计划，不能有战略没策略、没落地计划。

产品创新管理中的常见误区

21世纪，创新成为了永恒不变的主题，在信息更替频繁的现在，越来越多的企业意识到：唯有创新，才有发展。然而企业在实践过程中，却不知不觉地走入了一些误区。

1. 创新还是创意

产品创新包括技术的研发、材料的更新、工艺的改造、设计的突破等。创意则是单纯的点子，甚至只是新颖的语言、图片等表现方式。然而，在时间就是金钱的市场上，越来越多的企业无法静下心来实施产品创新，反而总想着依靠创意，一夜吸引消费者的眼球以实现出名、暴富。没有市场调研，没有消费者心理分析，仅仅靠制造噱头的产品怎能长久？产品创新需要能够驱动企业的成长并和商业相结合，需要寻找到其独特的内涵，而不是单单在点子上捉襟见肘地做文章。

2. 增值还是增价

目前很多企业，尤其在保健品市场，往往把设计的突破单纯理解为包装及材质上的更新，习惯于依赖包装的精美来实现产品的增价，把注意力都集中在产品的外包装上。尽管产品创新包含设计的成分，产品恰当的有策略的包装设计能够使得产品的档次有所提高是不可否认的，但是产品的增值绝不是“灰姑娘穿上水晶鞋”那么简单！没有产品自身内容的充实和技术的进步，换上再华丽的包装也只会遭遇让消费者大呼“穿上龙袍不像太子”的尴尬。

3. 差异化还是歧义化

产品差异化一直是目前营销界所提倡的重要战略，它是指企业应该从产品本身的特性找出差异化的优势，找到自己的区隔空间。使消费者相信这些产品存在差异而产生不同的偏好，这是产品创新的一种重要方式。但是，不愿意用研发来支撑概念的企业，往往希望利用消费者的错觉来形成差异化，结果却导致了歧义化。如在产品的外包装规格上跟进畅销产品、偷换概念、过度的功效承诺等，让营销陷阱遍地却美其名曰产品创新，最终导致全行业的信任危机！

4. 功能创新还是概念创新

产品创新主要是技术的研发，技术的研发表现为功能的创新，而功能创新主要是提供给消费者更安全、健康、高效的产品。然而纵观近年来的营销界，概念满天飞的同时，真正能够在质量和技术上和跨国名企比拼的产品却寥若星辰。随着市场环境的变化，单凭产品概念夺取天下的时代已经过去。如今，医药企业的竞争也将回归产品本源。在此情况下，产品自身的创新自然而然地成为了驱动药企发展的“引擎”，因此，产品的功能创新不能仅仅凭借概念来炒作，而要借助研发来支持。

为实现产品创新，药企应将大产品战略视为核心战略，这些大产品包括药企通过购买、原研、仿制等途径获取并用于大病种领域的产品。从政策层面来看，国家也已经加强了对创新药和首仿药实质性的扶持，2013 年出台的新版基药目录也鼓励药企进行产品创新，并对没有实质性创新的药企予以打击。在这样的基础上，药企只有运用强大的营销能力，产品本身的价值才能够实现最大化，进而使企业成为行业的领跑者。

第三章
策划力

策划力是个什么玩意儿

什么是策划力？日本著名的策划理论家高桥诚先生曾对策划力作过非常形象和精辟的论述：如果能够将所面对的限制做很漂亮的突破，这种能量就是产生优秀价值的源泉。这种能产生优秀价值的能量就是策划力。一句话：策划力就是运用创意思维去解决某一难题的能力。

医药营销脱胎于保健品营销，医药营销的很多模式及策略都在向保健品借鉴，国内很多医药企业的营销高管都来自知名保健品企业，在药品竞争激烈、终端力量强势，消费者日趋理性、政策日趋规范的时代，策划是提升销量、打造品牌的一条有效途径。加多宝从 1 亿元到 200 亿元，古汉养生精从 3000 万元到 2 亿元，南京同仁堂的排石颗粒从 8000 万元到 1 亿元突破，潘高寿从岭南走向全国的“野狼行动”等，从这些成功的案例我们可以看到：真正的策划没有改变产品本身，但是它解决了产品销售之前的传播问题。它利用不同于大众的传播方式引起消费者（目标人群）的关注，从而激发他们的购买欲望，达成最终销售。那么策划力主要包括哪些方面呢？

1. 善于用脑的能力

想要做一个好的策划者，千万要保持自己脑细胞的活跃度，不要浪费任何一个可以动脑的机会，因为动脑是培养策划力的首要方法。人都有着懒得思考的惰性，当面临困难的时候总会本能地选择逃避责任：“你点子多，帮我想个办法吧！”却忘记了此时正是唤醒沉睡着的脑力资源的最佳时刻！

如果你不想日复一日地重复机械的工作，不想成为墨守成规的中庸之才，如果你立志成为一个出色的策划人，那么你必须比平常人多动8倍的脑筋！这8倍的精力，有1/3你需要交给左脑用于语言组织、编辑写作、逻辑演算等活动的锻炼，从而拥有逻辑分析推理的策划力；有1/3你需要交给右脑用于培养自己对图像、音乐、直觉等感性能力，从而拥有想象、创意、灵感等策划力；另外1/3的精力你需要用来协调好左右脑，均衡思考，从而增进全面解决问题的能力。

2. 恢复想象的能力

人类的心智大约可分为观察、记忆、理解（分析和判断）、想象四大功能，其中想象力最为重要，它是一切创意、策划、发明的源泉。其实每个人在儿童时期是想象力最丰富的时候，然而随着年龄的增长和生活压力的加大，逐渐丧失了这种能力。因此，对于想成为优秀策划者的人来说，想象的能力不仅仅是培养，更有恢复。恢复到儿童时期的你，以全新的眼光来看待整个世界，用好奇心去探索和保持对这个世界的兴趣，用纯真心去做梦、联想，天马行空地巧设假想，用初生牛犊不怕虎的无畏心去打破常规。当然你还需要“读万卷书，行万里路”，通过读书和旅行增广见闻、激发想象力。最后最重要的一点是：持之以恒！

3. 激发创意的能力

创意是策划的灵魂，贯穿策划过程的始终，离开创意的策划只能算是计划，而拥有创意的策划则让人顿感新颖、奇特，仿佛画龙点睛般令人拍案叫绝。创意的方法有很多种：有将两种或两种以上旧元素组合起来的组合法，如黄金搭档；有在产品原有基础上进行改变的改良法，如倡导肠道用药升级的整肠生；有聚焦特点的焦点法，如聚焦中药世家的霸王；有最常见的集思广益的“头脑风暴法”，如营销教父乔布斯以智能手机颠覆人们的生活方式。此外还有诸如：相似类推法、属性列举法、四处讨论法、多维度思考法等，总之创意无极限，方法也美轮美奂。当然，一切创意都是以策略为基准的，策划的创意是戴着镣铐跳舞，必须在定位准目标市场后才能够让创意有的放矢，精准落地！

4. 收集资料的能力

策划人必须收集大量的有效资料，在加以筛选、整理、分析的基础上，才能够最终拟定策划方案。策划人要拟定一个策划案，大致要经历界定问题、收集现成资料、市场调查、把资料整理成情报、产生创意、选择可行性方案、实施与回馈这七个步骤。这个过程中，资料主要来源于互联网、报纸、杂志、新闻、市场调查、同行间互通有无等方面。这是一个规模庞大、琐碎的系统工作，要求策划人随时保持“手勤”：收集即时信息，及时集中整理信息；“脚勤”：频繁定期地和客户、第三方媒体、同行等保持联系，互相沟通信息，及时交流，确保最新消息的及时反馈；“心勤”：保持警惕敏锐的洞察力，辨别信息的真伪、找出信息的本质、看透信息的预示。

5. 解决问题的能力

解决问题的能力是最考验策划人的标准，因为，所有的策划最终的目的就是解决问题。策划人要培养哪些解决问题方面的能力呢？首先是界定问题的能力，能够一针见血地找出问题的关键，深入探求症结所在，进而对症下药，而不是纠结表面问题。其次是集思广益的能力，能够客观地接纳别人的意见。最后是去伪存真、各个击破的能力，能够集中精力，将问题按照主次分门别类，再一一解决。当然，每个人解决问题的风格不相同，最重要的是能够拥有“无可无不可”的客观态度，选择最优的解决途径。

6. 预测未来的能力

预测能力是策划人必备的素质，尤其是营销策划人。策划人的眼光长远与否决定着市场生命周期的长短。预测未来的方法很多，最常见的有通过分析现有形势找出规律的趋势法，凭借多年市场经验的直觉法、排列分析数据的推算法、用书面形式广泛征询专家意见的特尔斐法、通过抽样调查和民意调查的盖洛普法等。这些方法不一而足，在实际操作过程中应该审时度势，针对不同的情况进行具体选择，使得自己的预测能力最精确化。

总之，策划，是一切成功营销之灵魂！营销处处皆策划，没有策划就没有灵魂，而人力不同、方法不同，策划结果也会有天壤之别，只有真正好的策划能够点石成金、四两拨千斤。因此，策划力实在是一门值得任何人终生学习培养的能力，也是企业做大做强的不二法门！

深刻读懂你的消费者

消费者是让商品实现价值的最终目标，营销的本质就是将产品或品牌植入到消费者心智的过程，而这个过程中的关键点就是消费者的购买心理，因此，作为卖方的你，了解消费者在想些什么是非常有必要的。在这里，我们将分析以下十种消费者心理。

1. 面子心理

不可否认，国人对面子尤为重视，自古以来就对面子十分重视。面子功夫做到了，商品也就卖出一半了，产品要想满足消费者的这一心理不单单要在价格上实行战术，还需要在产品设计和品牌建设上大下功夫，在消费者中形成口碑小名。例如脑白金就是利用消费者在送礼时的面子心理，在城市和广大农村都找到了市场。

2. 从众心理

中国人喜欢热闹，网上的气氛怎么烘托，就是以数字说明，这样才能达到从众的目的。比如淘宝商城为什么每家店都要做爆款，就是要引起顾客的从众心理。比如业务员在产品陈列时也会故意留下空位，给消费者以产品畅销的印象。

3. 权威心理

什么是权威？国字号、有认证、国外授权、媒体专家提到的。

先是权威鉴定，权威不权威，肯定往下看，那就是机会。比如一个简简单单的刮痧板会有五种认证，不仅仅是检测性质的认证，还可以更多：比如专家说、明星说、知名人物实例之类的。

4. 占便宜心理

记住，占便宜心理并不是说把东西卖得价格低廉的意思。而是说把 10 元的东西包装成价值 100 元的，再给他减掉 50 元，让他感觉享受了五折的优惠。这就有人会提问，难道消费者没估价能力？通过额外附加卖点，产品就是你独有的，就没有可比性，价格也不是透明的了。提炼产品附加值，可以从以下几个方面考虑。

①产品本身；②公司实力；③制作工艺；④消费者；⑤报纸媒体报道；⑥相关的认证；⑦传统相关历史、文化。即使产品卖点的挖掘没有附加值，炒作也是在增加附加值。

5. 朝三暮四心理

这个心理不好把握，或者叫后悔心理，买过之后感觉不值怎么办？主要靠增值服务。在做产品的时候要有针对性，特别是销量比较好的单品（包退包换）。还有，规定一个时段内，销完就没有了。运用的再好一些的话，可以根据数据制定活动。

6. 价位心理

也就是定价的艺术了。要注意“以中间线为基准线”，上可升下可降。上升价格要突出一分价钱一分货，好货不便宜；下降要突出物美价廉，价格下降品质没有下降，服务依然有保障。

在产品同质化的情况下，其附加值的确是销售的重点。对于消费者而言，在看重产品的同时，更注重它的附加值。就目前而言，附加值除了带给客户名誉、荣耀、自信外，更多的就是售后服务。比如国美店的店外销售语就是“买电器，到国美，花钱不后悔”，让消费者在购买产品和服务时，有百分百的安全感。

7. 炫耀心理

把让顾客炫耀的资本罗列出来，你炫耀的资本也就是顾客炫耀的资本，顾客不知道炫耀的点在哪里，你就要教给顾客。

8. 草根心理

我们都是普通人，都有想成为明星的梦想，你需要把他的潜质激发出来。怎么让人消费了还成为其他人关注的焦点？两个字：分享。在这一块，网站先行一步的就是凡客了，重点可以关注一下凡客达人。

9. 攀比心理

所谓攀比心理，其实就是跟身边的人比较，那在卖产品的同时就要有一种攀比心理，我家的就是比他家的贵，但是我家的贵质量就是好。或者是说我家便宜不假就是性价比高，贵有贵的道理，便宜又有便宜的好处。

10. 懒人心理

每个人都很懒，运用电子商务的人尤其如此，所以说对于电子商务购买要简单，支付要简单，退货要简单，所以这才有了货到付款，衣服可以试穿，不合身直接退货，免费退换等。

研究竞争对手在干什么

市场离不开竞争，有竞争就有对手，对于竞争对手，老板们真是又爱又恨。一方面，可以通过他们增长见识、树立榜样，鞭策自己不断进取；另一方面，在此消彼长的市场争夺战中，难免担忧他们威胁到自己的品牌口碑，抢夺自己的市场份额。其实放开自己的眼光和心胸，我们会发现，竞争对手的存在不仅利大于弊，甚至，我们彼此间可以打消掉对立关系而进入统一阵营。像可口可乐和百事可乐、肯德基和麦当劳这样的竞争对手是相互促进，相互提升的。

关注竞争对手能学很多东西，特别是优秀的竞争对手，我们必须向他们学习，然后进行超越。因此知道竞争对手在干什么属于最基本事实的了解，对此我们可以借鉴日本丰田汽车在进入美国市场时为研究竞争对手曾用过的“五个做什么”。

1. 竞争对手正在做什么

分析竞争对手正在做的事情有助于我们预测其攻防能力，制订进攻计划，让我们的市场方案有的放矢。一般情况下，我们可以通过七个策略方面来研究竞争对手的现状，即：产品策略、价格策略、渠道策略、促销策略、品牌传播、服务策略、人力资源策略。这几个方面的研究方法多有不同，如在产品策略方面主要研究竞争对手的产品技术含量、使用的主要原材料、工艺水平、主要性能参数、产品的最主要卖点等；在价格策略方面则主要研究竞争对手在行业的总体价格水平；在渠道策略方面则需要研究竞争对手营销渠道模式，营销网络核心区，渠道政策调整的频率和力度等；在促销策略方面，分析其促销的频率、力度、形式、成效等；在品牌传播方面，研究对手广告投入形式和力度，曝光率以及在消费者心中的评价等；在服务策略方面主要研究对手的服务政策、承诺和客户满意度等；在人力资源方面，主要看其业务员和技术员对产品的熟悉程度、厂商关系是否融洽、其业务团队的凝聚力和好评度等。

2. 为什么那样做

在营销中任何一种行动都必定有其目的和依据。所谓具体问题具体分析，了解了竞争对手的作为后，我们需要做的不是生搬硬套、原封不动地嫁接过来，而是要进一层分析其营销策略制定的依据以及其主攻的目标市场。知道竞争对手所做的每一件事情的目的就等于把握住了竞争对手的作战总纲，准确地预测其下一步策略和行为趋势，了解他们有哪些新产品即将问世，有哪些产品正在研制，有哪些产品正在考虑当中。进而找出竞争对手的系列产品中有哪些遗漏、忽略，有哪些长处和不足。其营销策略与战略指导思想中有哪些优缺点，有哪些属于枝节，哪些属于致命的，借此实现差异化营销的突围、后进者的创新超越！

在分析竞争对手为什么那样做的时候，还需要了解竞争对手的企业主要决策者具有什么样的个性特征，是开拓性的还是保守型的，是喜欢冒险的还是十分稳健的，又或者是力图创一番大事业的还是守业求安的，等等，进而因人制宜地在商战中把握主动权，而不是成为拼蛮力的盲目斗士。

3. 没有做的是什么

任何一个商家都不可能将自己的营销模式做到尽善尽美，所谓没有最好只有更好，在研究竞争对手的时候，我们不妨多对目标消费者进行深入细致地调查，发现其未能完成的漏洞，这往往比单纯的产品研发和技术创新更省时省力。比如竞争对手的产品质量档次有哪些不能突破的瓶颈？口感是否没能达到消费者的理想要求？包装是否不够便捷携带和更上档次？

价格是否不够优惠？营销团队是否没有规范的文化建设等，这些都将是我们虽然模仿却大胆超越的突破口。

4. 做得好的是什么

对手的优势是否是你的劣势？如果是，如何扬长避短？如果不是，如何进一步超越？甚至必要的时候我们可以以劣势为优势、化腐朽为神奇地作为自身产品的特色。当然，如果在产品力上竞争对手占据优势，我们必须在长期战略上以其为榜样，不断学习，提高产品力水平，缩小两者间的差距。

如果竞争对手的优势强大到你无法与其抗争的话，你需要做的将不再是以其为对手了，而是充分了解你自己，重新定位自己。不同的生意定位决定了不同的行业对手。你的定位决定了你要与谁竞争，而且你是否有能力击败你的对手。

5. 做得不好的是什么

如何研究你的行业竞争对手？对手的弱点就是你的机会！在美国市场上的汽车争夺战中，丰田公司明确无误地找准了竞争对手——德国大众汽车的弱点，做到了知己知彼，一步一步地将大众汽车赶出了市场的前沿。在其他行业市场，我们依然可以采用这一做法，将自己的竞争对手锁定在行业前三或前五，在缩小了范围的同时让自己的研究方案有的放矢，进而瞄准对手的不足之处，抢占空白市场。竞争对手做得不好而你能做到的范畴，就是你与对手竞争的差异优势和胜算砝码。

正如竞争战略第一权威——哈佛商学院迈克尔·波特教授所言："'竞争对手'的存在能够增加整个产业的需求，且在此过程中企业的销售额也会得到增加。"竞争是一种游戏，不是你死我活的事儿，在一个行业里，一枝独秀是不行的，甚至是危险的。竞争最大的价值，不是战败对手，而是发展自己，并且和竞争对手共同把蛋糕做大，希望在未来，我们能够和竞争对手一起，创造一个百花齐放的市场景象！

市场细分与市场定位

基于市场细分的 STP（市场目标定位）市场营销可说是现代战略营销的核心，包括市场细分（Market Segmentation），目标市场选择（Target Market Selection）和市场定位（Market Positioning）。其中市场细分是战略营销活动的基础，也是营销战略成败的关键所在。在对市场进行细分后，要对所分市场进行有效地评价，并选择目标市场。而在完成这两项基础性的步骤之后，更为重要的一个环节便是市场的定位战略。

在竞争激烈的市场现实中，一个企业的资源是有限的，不可能在每一个市场上完全拥有优势，获取所有企业经营的理想利润。因此企业需要用自己合适的资源做适合企业赚钱的市场，获取利润。这也是差异化营销的一种战略方法，即关注于某种消费者的价值进行差异化营销（如图 1 所示）。

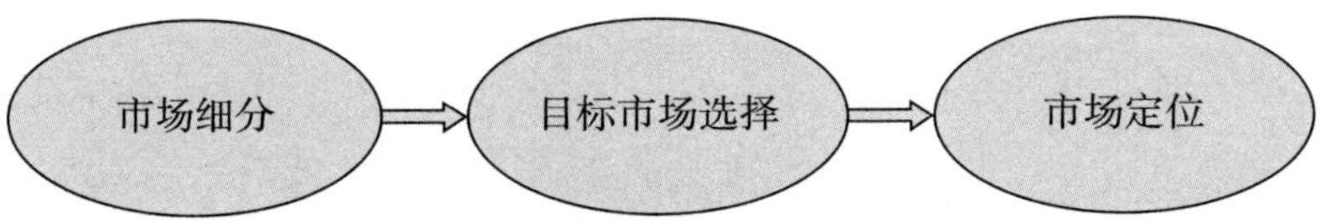

图 1　市场定位战略

1. 市场细分的类型

根据国际著名管理咨询集团和一些机构的资料总结，大致有 8 种细分市场的类型。

①地理位置：按一级市场、二级市场、三级市场、四级市场等进行细分（省会城市、地级城市、县市级城市、乡镇和农村市场等）。

②人口特征：按照性别、年龄、收入、教育程度等方面进行细分。

③使用行为：按照使用量、费用支出、购买渠道、决策过程等方面进

行细分。

④利润潜力：按照收入、获取成本、服务成本等方面进行细分。

⑤价值观/生活态度：按照宏观的价值取向和态度进行细分。

⑥需求/动机/购买因素：按照价格、品牌、服务、质量、功能/设计等因素进行细分。

⑦态度：按照针对产品类别和沟通渠道的态度进行细分。

⑧产品/服务使用场合：按照使用地方、使用时间、如何使用进行细分。

对于细分的市场要求具有差异性，可以采取差异化的营销策略。

2. 市场定位

市场定位的目的是为企业及其产品创造出并维持住一处独特的市场位置，为顾客提供差异化的产品或服务优势。这一差异化优势的创造是通过市场营销组合（4P）的运用得以实现，包括产品的差别性设计，广告促销传达的独特的产品印象，有别于竞争对手的更方便的渠道分销，以及定价策略反映的高性价比优势。

一个成功的市场定位战略，必须要确保四个关键因素的成立：竞争性，可信性，简明性，一致性，即市场定位的4C关键因子（如图2所示）。

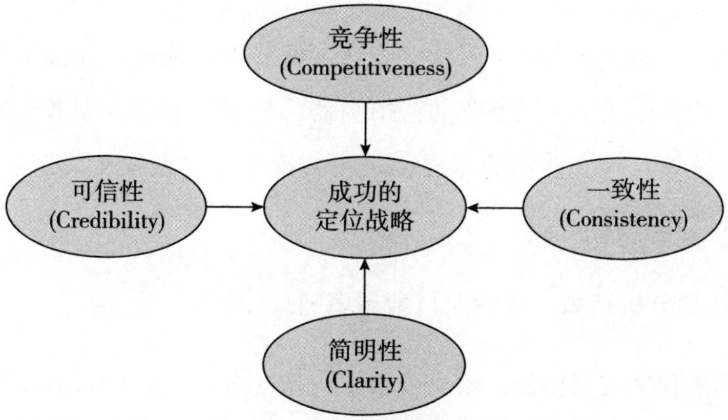

图2　成功的市场定位战略

（1）竞争性

市场定位的差别化优势对顾客有足够的吸引力，企业提供的产品或服务是基于自身强势资源的最优化使用，顾客高度认可此产品或服务的价值，而竞争对手囿于资源稀缺，难以对这种差别化优势进行复制或模仿。

（2）可信性

确定的市场定位必须是可以令顾客信服的，所营造的产品印象不能与顾客长期以来基本的认知相悖，产品定位是可以创造和艺术化的，但决不能与现实脱离得太远。

（3）简明性

市场定位传达的印象和信息都应是简单明了的，复杂或晦涩的定位容易产生歧义，也不易被顾客记住，任何时候，简明清晰的市场定位都是最佳的选择。

（4）一致性

顾客每天面对的是大量的产品信息，所以成功的市场定位战略必须在时间上保持长期一致性。今年宣传产品的高科技特性而下一年却转而强调服务的出色，只会增加顾客的困惑，并直接导致其对产品的不信任。

软文策划的六步法

在脑白金的成功案例中，软文策划占据着重要地位，开创了广告的软文时代，软文也成了一种重要的营销利器。软文策划是一项考验创意能力的工作，统领着软文营销的全局，居于中枢地位，在软文策划的过程中，我们应注意走好以下六步。

1. 详细分析产品（或企业）背景资料

与其他营销策划相似，软文策划中产品（或企业）的背景资料依然是制定软文策划的基础依据，只有掌握了产品（或企业）的全方位资料，策划人才能够为产品找出独特的定位和风格，包括产品的成分原料、产地、独特的配方、功效机理、科技含量、所获得的技术成果、研发背景、研发人资料等都需要进行全面系统的收集。

2. 整理筛选产品信息

根据需要选择审核资料，将相关联的资料编辑整理，挑选出有用的材料，分门别类地进行整理。根据同类产品的配方、产品机理、独特卖点、广告语、研发背景、研发人资料、技术含量、主要媒体策略及广告表现、剪报、其他宣传资料等来找出自己产品的差异之处，留下产品众多的有效信息作为软文策划的基石。此外，在资料收集过程中，可能发现一些有惊喜的资料，应及时整理，让项目成员共同分享。

3. 提炼产品核心利益点

吃透本产品，分析其他竞品，有针对性地提出产品的核心概念，从机理上创新、从技术上创新、从症状上归纳总结提炼、从人群上定位、从症状上定位、从广告语上定位等。

4. 策划产品基础文案

用400~600字，概括产品的主要优点：从原料、配方、症状归纳、科技含量、独特机理、效果承诺、权威认证、广告语等方面，集中体现产品差异化特色，表现出产品的核心利益点。

5. 创意软文系列标题策略

根据产品上市思路，创意不同阶段的软文策略，策划相关的软文标题，主要从新闻、功效、权威、情感病例、季节等角度进行。设计与产品相关的关键词，如机理类、概念类、功能类、症状类、成分类、相关新闻类、季节性类等。现在，软文在网络推广中一直都是比较重要的方法，具有“随风潜入夜，润物细无声”的功效，因此，在制定软文系列策略的时候应注意巧妙地植入宣传信息，抓取读者心理，让读者在不知不觉中受到文章引导，避免受众的反感。

6. 选择平台发布软文

发布在主流、具有权威性、拥有广泛读者的媒体自然能够迅速地在大范围内让软文发挥作用，为企业、商家个人起到宣传效果。但是，做宣传最先考虑的肯定是受众群体是哪些，这些用户群体主要活动范围在哪里。一个面向本地的网站到新浪去打广告肯定是得不偿失。所以这一点必须先想好，不一定要发到最热门的网站或者论坛，而是要发到针对性最强的网站或论坛。

视频广告策划的策略原则

视频广告指的是以液晶屏或LED屏形式的商业终端广告系统，主要以播出电视广告节目和其他节目为表现手段，主要包括以下9种渠道，分别是：商业楼宇、卖场超市、航空终端、医院药店、户外大型LED、公交车载电视、学校校园、列车车站、其他渠道等。据广告业研究咨询报告显示，近年来的电视、电台和互联网等视频广告投放比持续两位数增长，平均增长率高达35%！无怪乎美国互联网研究机构Piper Jaffray（公司名）会指出，在未来，视频广告将是网络广告的主要动力！在视频广告策划的过程中，我们总结出以下几条策略原则。

1. 成本性原则

值得关注的是除了电视台提供的内容外，视频网站以及门户网站的视频频道大量的原创内容越来越受到欢迎，这主要得益于此类受众的人数广但制作成本却低于其他视频广告。在国外，让许多公司开始尝试网络视频广告的一个重要原因，就是网络视频营销投入的成本与传统的广告价格差太多了。一则电视广告，投入几十万元甚至上千万元都是很正常的事情，而几千元钱就可以搞定一段网络视频短片。甚至，一个好创意，几个员工，就可以做一个好短片，免费放到视频网站上进行传播。与此同时，低廉的价格却带来非常高的性价比。根据 Burst Media（公司名）公司完成的研究结果表明，56.3%的在线视频观众可以记起视频里的广告内容。一段流传甚广的视频可以让公司以极小的成本获得极大的曝光率。也正因为如此，虽然互联网视频广告的影响力越来越大，但是公司为此付出的资金却不会有多大增长。毫无疑问，在这种情况下，那些准备削减广告预算的公司必定会向网络视频营销求援。

2. 内容原则

媒体是传统传播模式中的帝王，而受众是网络传播模式中的新君。面对成千上万的信息，受众决定着信息的生杀大权，不能具备足够的吸引力，将被受众手中的鼠标扼杀。网络视频广告利用文字视频可新建对发布者的回复，也可以就回复进行回复。观看者的回复为该节目造势，有较高争议率的节目点击率自然也高调飙升。与此同时，网友还会把他们认为有趣的节目转贴在自己博客或者其他论坛中，让视频广告进行主动性的“病毒式传播”，让宣传片大范围传播出去，而不费企业任何推广费用和精力。总之，营销形式不同，视频感染力更强，因此引起网友的主动传播性也更强。好的视频自己长脚，能够不依赖需要购买的媒介渠道，靠无法阻挡的魅力俘获无数网友作为传播的中转站，以病毒扩散的方式蔓延。

3. 目标精准原则

在电视媒体中，更多的观众、更高的收视率意味着更多的广告收入、更多的利润，而在网络视频广告中则不然，观众的数量并不一定意味着更多的广告收入，如果有小数量的观众对广告感兴趣，点击广告，购买产品，并访问其他的相关网页等，那么这些小数量的观众要比数量众多的观众更有价值。值得庆幸的是，与传统传播方式的一个最大不同是网络营销能够比较精确地找到企业想找的那群潜在消费者，网络视频广告则能更精准地发挥这一特性。例如在各大视频网站会有“群”设置，是网络上有着相同视频兴趣倾向的网民的集合，广告商可以通过目标锁定识别这些特定的受众群，以有效的可行途径影响他们，发掘、培养他们的兴趣点。结合他们的兴趣点发布能吸引目标受众的内容，而受众的不断支持、回复、上传又能产生良好的内容，这种一传一受的交互方式，促进了群组织的形成与发展。因此，广告商在特定的群投放产品，例如广告商在汽车群投放汽车的视频广告，或者在这个群征集汽车作品，就能取得不错的效果。

4. 时效性原则

视频广告的这一原则应该是公认的了，即使是电视广告、商业楼宇、户外 LED 等也需要根据产品的淡旺季来及时发布，更何况在瞬息万变的互联网视频广告中了。如今的广告界时时刻刻都在发生着大战，小到结合每日的新闻头条做文章，大到各个节假日的狂欢。网络视频广告以其低成本、快传播的特性让企业做广告的频次大大增加，也让广告更渐渐趋于娱乐大众化、软传播化，如禽流感时期的板蓝根、洗手液、消毒液，雾霾时期的空气净化器等，在特殊时期通过视频广告大肆活跃起来，而在每年的“三八节”“五一节”“中秋节”等节日中，各大商家也开始通过视频广告招徕客户。因此，借用优酷网 CEO（首席执行官）古永锵的话，互联网“视频营销”是将“有趣、有用、有效”的“三有”原则与“快者为王”结合在一起。

5. 第一眼吸引原则

在视频网站上每天都有众多的广告等着被观看，如何才能吸引到数量众多的观众呢？“第一眼吸引”的感觉很重要！“吸睛”的手法很多，最重要的一条是让你的视频登上每日最热视频排行榜。你的视频将不会再是每天成百万新视频大海中的一枚细针，这意味着在每20位网民中，就会有一个去点击你的视频。排名越靠前，点击量就会越多，你的广告影响力就越大！另外，你必须让你的视频缩略图很打眼，一个引人注目的视频缩略图是让你从19个热门视频排行榜中胜出的关键，这里有两个窍门：视频截图应该是清楚的，最理想的是它应该有一张人脸，或至少有一个人物出现在上面。同时，给你的视频做一些吸引眼球、独一无二的标签，这样就能够让你的视频出现在相关搜索里，并且你将能够掌握出现的视频完全是“相关视频”，当一段时间后观看的次数逐渐减少，这时你应该添加一些更普通的关键词标签，充分发挥长尾作用。

6. 互动性原则

互动性原则，充分发挥了网络视频广告的优势，比如UGC，即用户产生内容，这种模式就是调动民间力量参与视频的积极性，主动产生作品。最简单的形式就是以征文的形式征集与企业相关的视频作品。显然，UGC模式超越了普通的单向度浏览模式，让用户与品牌高度互动，将品牌传递方式提升到用户参与创造的高度，增加了品牌黏性，深化了广告效果。另外，借助技术，企业可以让视频短片里的主角与网友真正互动起来。用鼠标或者键盘就能控制视频内容，这种好玩有趣的方式，往往能让一个简单的创意取得巨大的传播效果。随着手机、无线网络的加入，这种互动模式还在继续开发中。

事件营销制造轰动效应

事件营销是近年来非常流行的营销创新方式，通过把握新闻的规律，制造具有新闻价值的事件，并通过具体操作，让这一新闻事件得以传播，从而达到广告的效果。其本质就是做活动，即吸引大众眼球，引起社会关注，引发轰动效应。网络营销的兴起，让事件营销的轰动效应事半功倍。

1. 事件营销的法则

事件营销固然能够有效提升企业品牌，但在事件选择和营销方式上，却需要慎之又慎，一般的事件不足以引起轰动效应，边缘性的事件又往往带有极大的危险性，因此，我们在事件营销中还必须注意它的有效法则。

（1）符合文化特性

事件营销主要存在于两种形态，一种是借势，一种是造势，充分利用这两种形态能为企业节省更多的广告费用，而达到广告所不及的品牌传播效果。借势和造势都可以利用危机事件或策划特定事件，充分传播品牌属性，所以必须符合品牌所指的特定群体的文化特性。

（2）追求价值对等

在事件营销中，我们往往为了追求一时的轰动效应，而疏忽了作为品牌传播中的价值对等，造成事件与品牌属性之间的价值不对等，从而诉求一个没有任何亲和力的品牌，或者损伤原有的品牌价值。所以在事件营销中，要从全局上把握住宣传的关键点，要把事件特性与品牌属性有机结合起来，抓住传播的重点，抢占主流媒体的视线，达到事件同步传播的程度。发动了媒体的传播功能，最终也就抓住了目标受众的眼球。

（3）舆论导向控制力

事件营销本来就是“借力打力”或者“用力打力”，而这些都离不开媒体，因此在事件营销中，要有绝对的媒体舆论导向控制力。在事件营销的大潮中，诸多企业“八仙过海，各显神通”。但即使同样的契机、同样的事件，有的是不同的运用，取得的效果也不尽相同。这在很大程度上取决于企业与策划人对于事件营销传播规律的把握眼光，对舆论导向的控制力以及事件营销策略的执行力。

（4）品牌传播复原力

作为一个企业，品牌传播不仅要懂得策略，还必须具备一种特殊潜质——复原力。复原力是指企业在市场中受到某种危机后，能够发挥潜质，迅速恢复原有生气的能力。事件营销中，品牌传播的复原力是至关重要的，否则很难形成事件营销的涟漪效应。

2. 药企新闻事件营销方法

新闻事件营销的好处就在于它通过新闻事件而并非广告，使药品企业以最经济的方式，将企业以及药品品牌的有关信息及时、准确、有效地传送给目标消费群，使药品的品牌认知率、美誉度迅速提高，从而快速拉动药品的销售，以最少的投入获得最大的回报。从这个意义上说，新闻事件营销是药品企业迅速建立品牌知名度的较好途径。药品品牌运用新闻事件营销的方法主要有以下几种。

（1）跟随新闻热点制造新闻

跟随新闻热点就是说药品企业要时刻注意新闻媒体的动向，看看新闻媒体现时正热衷于哪一方面新闻事件的报道，如果药品企业发现新闻媒体所热衷的方面与自己有关，就可以利用机会制造新闻，使企业和产品成为被关注的对象。深圳益生堂的成功正是利用这一方法，实现了通过较少的投入获得品牌知名度的提升，使益生堂成为保健品品牌中的诚信象征。

（2）利用新产品制造新闻

新产品也是新事物，新的东西都有可能成为新闻焦点。那些由权威机构推介、确有显著疗效、填补某项空白的新药，新闻媒体也乐意报道。因此，如果企业有新的药品推出，就可以从这些方面下手，积极主动地向新闻媒体发布消息，为药品进行营销造势，为药品的品牌扬名。当然，在具体操作时，药品企业也可以通过召开一定规模的专家讲座或向某个名人捐赠新药来引起新闻媒体的关注，制造新闻。

（3）利用价格策略制造新闻

产品的价格关系着国计民生和消费者的直接利益，因此价格问题是新闻媒体一个永恒的话题。尤其是在现阶段，广大消费者和新闻媒体注视的焦点一直是价格虚高，如果药品企业利用价格策略进行药品的市场营销，只要操作得当，必定会引起新闻媒体的关注。前不久，一些城市的药品连锁经营企业将产品价格全面下调，引来了众多消费者和专业媒体的争相报道。表面上看这些企业利润有些损失，然而由于媒体的炒作，使这些名不见经传的企业成为了知名企业，销售额的大幅上升自然导致了利润的相应增长，是个明亏实赚的行销方式。

盘点策划失误的九大误区

如果将企业的发展比作建楼，那么策划则相当于这栋楼的设计，楼的外形、选材、结构等都是策划者需要考虑的事情。如果策划做得不合格，在结构设计上有问题、在外形设计上不美观，那这栋楼即使选用了最贵的材料，最后也还是一栋低档的危楼，如果策划的设计做得不合理，一个100平方米的建筑面积最后的可使用面积恐怕只有20平方米，因此，选择专业的策划团队很重要，不同的策划师最终会产生不同的效果。近20年来，中国的企业对品牌的追求突飞猛进，热情高涨，却也由于认知模糊，技术不到位，导致了策划上的诸多误区。

1. 策划无用论

不少企业谈到自己的企业和产品都很自豪，对自己团队的执行力也很自信，然而在供过于求的时代，市面上根本不缺自以为是的好产品，但这些产品成功的却连10%都不到，原因就在于其领导者对策划不屑一顾的态度，甚至认为只要会吹就能做策划，这是对策划的一种莫大的误解。这种对策划掉以轻心的态度，则造成了其在企业产品和规划上的混乱！

策划本是一门由多学科构成的边缘性综合应用型科学，它的原则、方法、理念等都有着深厚的理论渊源和严密的逻辑关系。此外，对策划者本身也有很高的要求，既要有事业心、责任感，又要有相当敏锐的观察能力和分析能力；有实践经验，又有丰富的专业知识；既是一个思想家，又是一个杂家、战略家。因此，市场营销策划不是瞎吹，是建立在科学理论之上、运用科学方法进行操作的一门学问。

2. 策划无敌论

与上一条相反，目前存在一种对策划过度崇拜的现象，看到某产品或企业经过策划人点拨走向兴旺发达，就认为策划具有点石成金的魅力，不怕产品质量糟糕，不怕企业没钱，“策划策划”必定能起死回生、“钱”途辉煌。这种过分夸张策划作用的观点同样是一种不成熟的表现。随着市场竞争的激烈，企业在经营与管理中遇到的难题也越来越多，一些管理者就把解决问题的希望几乎完全寄托在某些策划者的策划上，这是极其错误和危险的。只有在产品本身品质过硬、有实效的基础上，策划才能帮助企业获得更大的收益。理性而客观地看待策划和策划人，是现代企业家必备的素质。

3. 忽略整体谈策划

首先，相当多的企业老板对策划存在着某种程度的误解，仿佛策划就是想一两个点子或创意，在和策划方沟通的时候会出现报喜不报忧，隐瞒部分真相的情况。其实，策划是在充分掌握企业实态和市场状况之下的分析、判断和推论过程，客观、实事求是的信息是让策划人做出准确判断的基础，在不完整的原始信息下做出的策划方案，对于企业主又有何价值呢?

其次，企业总会在产品进入了市场并形成了某种客观事实之后（比如市场状况糟糕）才让策划人介入，给他想办法出主意。这种策划是传统意义上的策划，也叫“事后策划”。这种企业将“鞋子”穿烂了才想到策划人的做法，是对策划极其狭隘的理解。策划不仅有“事后策划”，还有“事中策划”和“事前策划”，以及“全过程策划”等，以策划介入企业的深度和长度又可分为“大策划”和“小策划”，但是，相当多的企业往往不加分析地拒绝策划人关于广告之外的投资建议，而真正的策划不单单是做些修修补补、细枝末节的事，更是统筹兼顾，标本兼治。

4. 只选价低的

有些企业在应对策划人提供的策划方案时，往往是把前面关于市场和竞争对手分析的部分一带而过，或者干脆直奔“主题”，就看广告创意表现和费用预算两部分，通过比较选择报价低的策划方案，这种观点是大错特错的。

物有所值才是我们做出取舍的依据，广告的目的在于广告效果，希望达到提高市场占有率、扩大销售量的目标，最终归结为“挣钱”，而不是“省钱”。对策划方案价值的判断也不能只看策划人开价多少，还要看方案有没有实质内容，有没有价值。一些企业在策划费或广告代理折扣率上一压再压，为了折扣舍弃优秀方案不用的做法，无异于自毁前程。

5. 策划等于创意

认为策划等于创意的企业很多，其实归根结底创意是策划的一种表现方式，策划是一种高智慧的创意。策划需要按照一定程序，经过严格的逻辑思维设计之后，才能完成，即策划要复杂得多。策划固然必须由广告创意予以支持，但创意毕竟只是一个点，而策划才是面。仅有点而没有面的策划是残缺不全的。现在，许多策划人受客户的影响，在进行广告策划时往往把着眼点集中在广告创意表现上。策划整体方案尚未出台，平面设计、电视广告脚本业已产生，这不禁让人骤生疑惑：你这设计和脚本是凭什么做出来的？

企业通过策划人对产品和市场的分析与研究，可以看出这个策划人有没有真正的实力，实力多大。因为如果他的分析到位，见解入木三分，则他后面的广告创意表现肯定也不差；如果他对产品的市场状况一知半解，认识肤浅，则他的广告创意也一定好不到哪里去。而且对市场分析部分的研读，也有助于理解策划人的创意思想。

6. 经验主义

有些企业看到同行竞争对手通过某种方案取得成功，往往也耐不住性子一拥而上，依葫芦画瓢，想分一杯羹，结果却不尽如人意。其实，每一个策划方案都是一种新的思维的表现，是赢得竞争胜利的先决条件。在市场竞争中，市场的形势复杂多变，作为企业要获得竞争的优势，就必须要对自己的竞争手段进行创新，这样才能战胜对手。如果策划方案可以模仿，这样的方案不能叫策划方案，也没有力量去战胜对手，甚至还可能贻误先机，给企业造成不必要的损失。因而，策划方案是不能模仿的，一定要从创新基点出发来构思策划方案。每一次策划都是对营销理念和营销手段的创新，也只有这样才能体现策划方案的价值。

7. 本本主义

很多人会本能地认为，专修过市场营销的相关课程，或者是科班出身，有一定的经济理论知识、营销理论、策划理论培训经历的人才能做好策划。而实际是，职业策划，是需要渊博的知识，这一点是肯定无疑的。从事策划并非一定要有高深的理论学习，但一定要涉猎广泛，有广阔的知识面。因为策划过程中，必然会涉及许多方面的知识，对这些知识如果不了解，当然无法做好策划。然而，有了较多的专业知识，也不一定就能做好策划。其原因是，专业知识是好策划的必要基础，但只有专业知识却是远远不够的。作为一名策划者所具有的素质是多方面的，只具备了某些方面的素质能力仍然是不够的。因此，有了专业知识训练，也不一定能做好策划工作。

8. 急功近利，朝令夕改

不少企业选择策划方案时尤其是在已经产生问题急于改变现状的时

候，决策者往往难以避免急功近利的心态，从而选择饮鸩止渴、舍本逐末的方案。可是，任何问题的爆发往往是积累到一定程度的结果，想要解决还需要抽丝剥茧、各个击破。急功近利的另一个表现是朝令夕改，企业在实施一个方案一段时间后没能看到预期的效果就会慌不择路地改变策略，最后导致整个团队无所适从，也让原本积累的市场效果成为无用功。

当然，市场局势瞬息万变，竞争非常激烈，竞争手段也不断翻新，企业在实施方案时会有两种可能：一是策划者没有考虑到的情况在实践中暴露出来了；二是市场条件发生了变化，针对这种情况变化，策划方案当然要进行纠偏、修正。

9. 策划是市场预测

很多企业在做咨询策划的时候，对未来市场的发展趋势十分关心，在他们看来策划是未来营销决策的依据。随着市场营销实践的发展，不少企业因此邀请一些策划公司来研究、预测未来市场走势，策划一些方案。但实际上，他们认为策划是对市场的未来决策，这也是一种误解。事实上，策划是对未来市场发展做出了当前的行动对策。企业经过调研分析，已经找到了今后市场的发展方向。那么，未雨绸缪，企业要解决的是当前怎么办。要通过策划做好当前的准备工作，在此基础上为应对未来的变化，早作准备，早作对策，制定策划方案。

第四章
执行力

执行力：老板不得不重视的话题

有人说，一个企业的成功，决策占30%，其他占10%，执行力将占60%！这句话虽然有待商榷，却一语道破了执行力的重要性。是的，执行力是让企业战略决策最终落地的保证，是决定企业成败的重要因素，没有执行力，无论策划的蓝图多么美好，无论组织结构多么科学合理，都无法发挥其应有的威力，因此，执行力是企业管理的一项重要任务，是老板们不得不重视的话题。

1. 执行素质待升华

作为企业执行者的各级主管人员，其自身能力的强弱、高低，直接影响了组织决策的运行。然而在现实当中，各级主管往往在执行过程中犯各种看似很小的错误和过失，比如主管在接受上级任务时本身就对任务不明确，而在不清楚目标的情况下就分派下属去执行；再比如，在执行过程中没有检查、监督、考核，没有闭环控制体系，造成本末倒置、假公济私的现象；或者没分清执行工作的轻重缓急，造成抓不住重点、主次颠倒的无效执行；甚至过度依赖下属、过度替部下执行任务等，都阻碍着执行力的发挥。同时，人、财、物配备失衡，执行人员理解有失偏颇、执行不力也会造成一损俱损的局面。

正是企业从干部到员工的整体行为质量，决定了“执行力”的强弱，决定了企业运行的实际品质。所以，必须集合高素质、优品质的企业领导和优势兵力去执行合适的策划方案，方可得胜。

2. 执行态度欠统一

提起执行态度，老总们总会将问题指向基层员工的执行意识淡薄，不能够有力完成任务指标的问题，然而却忽视了直接影响员工工作动机的态度。心态不稳、安于懒散等心理不健康的状态导致高技能员工执行不力的事实层出不穷。

执行力的薄弱更集中表现在团队中高层这一特殊人群的心态上，他们是制约很多企业执行力的病根。由于个人位置的原因，对于他们领导的团队员工，他们不能很好地看待手下的位置和才能；对于企业重金聘请的“策划精英”，他们往往对其做出的方案持有不够积极甚至消极抵触的态度；而对于工作任务，他们尽管不会在工作会议上有什么明确的反对意见，却又不动声色地让人能够感觉到他们不同的主张和倾向，这就决定了他们不能认真分析领会策划方案的事实。因此，统一好这些人员的执行态度，成为执行工作中看不见却很费力的一大重要环节！

3. 执行应变缺认知

一般情况下，策划方案一旦通过高层认可，往往需要一往无前的执行魄力，如果朝令夕改则会动摇军心，产生不信任感。然而，任何一个策划方案对于现实变化的不可预知性都是客观固定存在的，于是针对变化采取应变措施、调整策略时做法的失态、团队资源配置的失衡、局部目标的变动等失误就会导致执行团队的不良反应，执行人员会往往一边心不在焉地执行着变动后的任务，一边不可察觉地在心中怀疑方案的可操作性。这样的工作方式和氛围尽管司空见惯，却不仅不利于执行的再适应，更使得集体对原本可以掌控大局的原则失去了共有的认同感。因此，提高执行团队的应变认知也成了领导们不得不考虑的课题。

4. 执行取舍差管理

目前很多企业，尤其是中小型企业往往对于执行方案的取舍很随意，今天定，明天改，边改边做，美其名曰摸着石头过河，随机应变，而事实上，一个优秀的策划方案往往在短期内难见成效，而如同儿戏般的执行命令，则会将企业的资源一再浪费。对于已经取得一些成功的企业，往往容易犯经验主义的错误。一部分高层会因为已经成功的经验和方案得意忘形，把取得的业绩夸大到令人神往的地步，继而自负地认为自己无所不能了。而实际上，这样的高层及其领导下的营销团队常常最缺乏执行企划方案必备的专业知识和经验，更可怕的是，这部分人在企业决策层面因为已建立“丰功伟业”而拥有一种至高无上的十足底气，这种绝对的威信和种种“骄傲的资本”，到头来往往会使他们把企业原本健康的团队搞得七零八落，直到将企业送至悬崖之巅。

什么是执行力？执行力不是做了，而是做到；不是简单的完成任务，而是不折不扣地取得成果；不是机械地工作，而是有头脑地行动；它是智慧和行为的结合，是管理者为实现战略和阶段性目标而具有的计划、指挥、跟进、协调能力。因此，管理者最高境界的执行力是一切都在管理者的掌控之中，甚至细化到“每个人每天的每一件事”。在执行的过程中，我们需要不断地要求、跟踪、落实、精进、提升。

执行决定营销成败

有调查表明，企业的成功20%靠策略，60%靠企业各层管理者的执行力，其余的则是一些不可控制的运气因素等。可见，大多数情况下，企业的执行力决定着其营销的成败，然而如前所说，企业在现实执行中，往往存在诸多有待提高的问题，这些问题制约着有利于企业发展的战略决策的落实，最终导致企业在竞争日益激烈的市场上败下阵来。随着市场经验的丰富，越来越多的企业主意识到执行力的重要性，并在管理过程中将执行力作为考核企业或个人的重要标准以改变“策略上的巨人，执行上的矮子”的现状。

1. 领导决定着整体的执行力

策略执行中，领导管理者是最重要的主体。传统观念认为，领导管理者是属于制定策略、传达授权的层面，而执行属于细节层次不值得大费精力，是下属应该考虑的事情。这是一种舍本逐末的说法，真正的优秀领导者，必须在制定策略后脚踏实地地参与执行，在执行中准确、及时地认清自己所处的大环境和真正的问题所在，紧抓主要症结，根据执行的情况调整策略，这样的策略才可以有效达成目标。如果管理者错把忽视执行当成必要的授权，等到发觉策略不能执行，这时再调整策略，可能为时已经晚矣。因此，企业要培养执行力，应把重点放在领导者身上。因为，领导者的执行力可以激励下属，团结队伍以弥补策略的不足，而一个再完美的策略也会在没有执行力的领导者手中夭折。在这个意义上，执行力是企业成败的关键。

2. 策略执行两手抓

策略和执行是企业营销成功的必备要素，二者辩证统一，缺一不可。策略是企业执行的指南，是执行方案制定的依据，而策略的价值也唯有通过执行才能得以体现，执行是检验策略的唯一标准。因此，企业必须高度重视策划力和执行力，策略执行两手抓，两手都要硬。在管理的过程中，不应将执行力和策划力割裂，把它们看成完全对立的部分。一方面，无法执行的策略形成以后只能束之高阁，没有实际价值，因此，管理者制定策略时应考虑其能否切实可行，有利于执行工作的长期、有序地展开；另一方面，管理者需要用策略的眼光来诠释“执行”，用合理的策略来一步步制定和指导执行任务，而不是眉毛胡子一把抓没有目标和重点，吃力不讨好地陷入一个又一个执行泥潭。因此，好的策略应与执行力相匹配，好的执行也能有的放矢地落实策略。

3. 培养部属的执行力

前面说，领导管理者是策略执行最重要的主体，却并非说管理者需要大小事务事必躬亲。管理者角色定位变革很重要的一点就是在重视自身执行力的同时，还必须重视培养部属的执行力，做到如心使臂、如臂使指地层层下达执行命令，提升整个企业团队的执行效率，充分开发集体的主观能动性，而不只是少数领导者枉费心力却收效甚微。要避免对于上级下达的指令抓不到重点，甚至错误理解上级意图；避免无计划执行；避免推卸责任执行；避免粗放性执行。因此，领导者如何培养部属的执行力，也是企业总体营销提升的关键。

4. 打造执行文化和理念

执行力的关键还在于通过企业文化影响员工的行为，拥有好的执行力文化的企业，员工一定会用心去做事，讲究速度、质量、细节和纪律。因此管理者很重要的角色定位就是营造企业执行力文化。如果员工每天能多花 10 分钟替企业想想如何改善工作流程、如何将工作做得更好，那么，管理者的策略自然能够彻底地执行。在营销策划的过程中，打好根基是不可必免的，而这些根基就是企业的执行文化和理念。如果只是一味追求方案的好坏，而忽略了根本的建设，在执行力上不能做到快、准、狠，那么营销策划也就变得毫无意义。因此，作为领导者，打造执行文化和理念有助于制定更健全的策略。

在执行的过程中，一切都会变得明确起来，面对激烈的市场竞争，执行决定着营销的成败，要做到营销的成功，必须从只注重策略制定转变为策略与执行力兼顾，同时努力营造企业执行力文化。以执行为导向的企业，策略的实施能力会优于同业，因此它们会更优秀、更出色。

坚守执行力的六个法则

在管理层面，所有的执行都可以归结为权利、责任、利益三方面的平衡。如果领导者不懂得如何衡量这三者的关系，在管理中导致三方面不对等，那么企业的执行能力必然受到影响。根据这三者，我们总结出以下六个坚守执行力的法则。

1. 锁定责任

几乎每家企业在执行工作中都会存在互相推卸的现象，这是让管理者最为头疼的问题。因为每个人的本性在重复着一个永恒的主题：逃避责任、回避风险，所以在工作中尤其是需要担当的时候，人们本能地会选择推诿，每个人都在为自己找借口，却从不想一个最基本的问题：我的责任是什么？因此，在执行力中，我们需要坚持锁定责任法则，让每个人的肩膀都承担起相应的责任，做到“人人有事管，事事有人管”！在锁定责任的时候，需要注意三个要点：①明确责任，每个下属所承担的工作责任；②让承担责任的人清楚责任内容和失责的结果；③防止责任被变相转移。不给下属推卸责任的机会，做到事前控制，将企业损失减少到最小。

2. 有效沟通

一个员工能够并愿意承担责任，很大程度上是基于他对自己职责的理解，而领导者的伟大之处，就在于能够把公司层面的价值层层传达给下属，造就员工的责任感。因此，管理者一定要学会和员工有效沟通职责背后的意义，而下属也要学会向上级沟通自己的职责是什么。员工只有在对自己职责的内容和要求有了非常明确和深刻理解后才能够有的放矢地发挥自己的精力，员工也只有在深刻了解本职工作背后所蕴含的意义及对他人和自身的价值后，才能更好地发挥主观积极性和潜能来认真对待工作，并勇于承担责任。因此，上下级在执行过程中讨论职责的意义和价值非常重要。

3. 合理授权

在企业中还存在一个极不合理的现象：领导者很忙，对企业的长远发展却很迷茫；员工很闲，对自己该干吗、怎么干却很迷茫。当主管一定要记住一个基本定律：时间守恒定律。如果你越俎代庖地解决了本该属于员工的责任，那么你将很少有时间解决自己的本职工作。因此，领导者要做到合理授权，找到合适的人，为他配备合适的资源，从而让自己有时间去考虑更多更重要的事情。在合理授权的过程中，管理者要让下属养成靠工作流程主动独立做事的习惯，而不是如保姆般事必躬亲。同时在授权时要注意相应的监督，能监督多少，就授权多少，不能出现个人权利超出监督机制的情况。

4. 检查监督

一般情况下领导的目光凝聚在哪里，下属的执行重点也会相应地偏移，史玉柱在作脑白金的时候会将 90% 的精力放在检查策划的环节，而在作网络游戏的时候却将 90% 的精力放在了检查产品的研发上，这是因为他知道，他关注的环节决定着最终的市场结果，而作为领导身先士卒地投入其中，必然会引起团队的足够重视。因此，如果你强调什么，那么就去检查什么，如果不检查，就等于不重视。同样，检查和监督也是为了弥补管理中的漏洞和隐患，将下属工作的事前风险降到最低，同时也让下属知道如何正确地做事和执行。

5. 加强培训

对于现代企业来说，加强学习培训有多重要？调查表明，企业在培训下属中投入 1 小时，就是减少了 100 小时重复犯错造成的损失。从国际

500强到每个成功的企业家几乎都认识到加强培训学习的重要性，IBM送给员工的见面礼就是培训、惠普承诺一旦用你，就一定培养你、通用则喊出“最好的员工，最好的培训，最好的待遇”的口号……在培训中，员工加强提高了工作的技能和经验，增加了对企业文化的认同和理解，也带动着企业不断更新，保证企业能够在瞬息万变的市场中找准主流趋势和找到新的前进方向。

6. 恩威并施

执行需要承担责任，与责任相伴的必然是压力，如何排解这些压力？领导的赞扬和激励可以满足下属的荣誉感和成就感，从而带动工作的积极性，形成良性循环。当然，你也可以将你的激励和员工的个人战略相结合，了解员工需要什么利益，将企业目标和员工目标相联系，给下属想要的激励是最重要的！因此，请不要吝啬你的赞美激励，大方勇敢地给予员工想要的满足，会让你的执行过程充满乐趣。

而对于不能够承担责任、不称职甚至阻碍企业发展的下属，你需要的则是勇敢地淘汰他，这不仅维持着整个团队的原则和健康，也以“危机感”的形式避免了企业陷入“得过且过”“自我欣赏”的懒散懈怠状态。

如何有效地执行战略

很多人讲执行，却存在很多认识上的误区，表面上似乎在积极抓执行，但企业的执行力却未见起色，执行战略也未见落实，这种所谓的执行力其实是“虚假执行力”。只有让我们的执行战略得到有效落实，得到令人满意的结果才是有意义的执行。

1. 重视结果

过程和结果在执行中本来应该密不可分，而心理学告诉我们：当人们认为自己的行为与结果相关时，责任感就会产生，相关度越大，责任感就越大。我们要懂得一个基本道理：对结果负责是对客户价值的负责，对过程负责只是对工作程序负责。因此，更重视结果，避免了员工推卸责任的懒散，保证了执行的质量。如果我们致力于打造一个有强大执行力的团队，那么必须谨记执行永远只有一个主题：执行要的是达到结果，而不是完成任务，我们要永远锁定结果这一目标，而不是任务这一程序。什么样的结果标准是我们需要永远锁定的？

（1）客户承认有价值

结果不是由执行领导主观定义的，而是由客户定义的。这也说明，无论是领导还是员工，衡量执行的工作标准，必须符合客户的价值，客户认可的价值才是最终的，唯一的衡量标准。

（2）客户可直观感受

市场上人群众多，认知也互不相同，而对于执行者尤其是服务行业的执行者而言，一个产品或者服务有没有价值更在于能否满足客户的认知喜好，如果你付出了努力，却没能让客户感知到你的价值，对你的优点没有概念，那么很抱歉，你在做无用功。

（3）客户愿意购买

商业的价值最重要的是能够实现利益的交换，能够让客户承认价值、直观感知。喜欢并不是最终结果，将客户的喜欢转变为购买行为才是执行的真正结果。执行的最高境界是叫好、叫卖，比如苹果，从产品设计到定价到上市，在与客户互动中，让自己的每一步执行都在为自己打开市场，为让消费者愿意购买铺路。

2. 找对人才

战略讲对错，执行讲得失；战略讲方向，执行讲结果；战略讲未来，执行讲现在。长时期看未来重要，短时期看现在重要。真正的执行人才，80%讲现在，20%讲未来；而战略型人才，20%讲现在，80%讲未来。一个优秀的企业，应当是高层讲战略，中层讲战略和执行，基层讲执行。

执行型人才有四个标准。

（1）尊重客户价值

执行的任何一个行动都是围绕客户价值来进行的。客户价值是执行的底线，没有客户价值的行动，都不能称为执行。企业要站在客户的角度，为客户提供满意和超值的结果。例如沃尔玛就提出："客户永远第一。"

（2）坚持结果导向

唐僧在西游记中是最没有个性和能力的一个人物，然而他对全队的贡献和最后取得的功德却是最大的，这就在于他引导着全队的方向，一切活动都坚定不移地围绕着西天取经的目标。对于企业来说，首先，企业自身要清楚自己想要的结果是什么，这样才能清楚地让客户明白。

（3）信守承诺

信守承诺和勇往直前是执行人才的内在人格标准，它意味着执行人首先缔造了自我的人各品牌。在人与人互相信任的基础上合作，打造企业的品牌自然水到渠成。要记住，承诺，是承担了责任和后果；承诺，是最简单的回答，同时也是最有效的沟通；承诺，是最基础的信任源，是别人信任你的起点。一个企业只有信守承诺才能获得成功。

（4）执着

真正的执行就是将看似简单无意义的事情做到不平凡，伟大的目标经过层层分解，必然是每天看似一个重复且无聊的过程，而能够坚定执着地将每一步走好，伟大必定不期而遇。唯一的失败就是你选择了放弃。

3. 做好衔接

执行的意义来源于战略，战略的价值在于执行落实。因此，这就一方面要求管理者制定战略时要考虑这是不是一个能够彻底得到执行的战略，另一方面要求管理者要用战略的眼光诠释执行，好的战略应与执行相匹配、衔接。而有效执行战略需要以下七个步骤。

（1）量化愿景

宏大的愿景经常压得人喘不过气来，譬如“成为产业领导者”。有效的愿景是，能将企业虚无缥缈的梦想，转换成可行的目标。因此，建立愿景的第一步，就是说明企业从 A 地走到 B 地的明确步骤。譬如，广药提出要在 5 年内凉茶实现 300 亿元的年销售额，2020 年达到 600 亿元。那么，营收多少是企业必须突破的里程碑？为了达到这样的营业收入，企业要推出多少新产品？雇用多少员工？这些步骤可以驱使管理团队，思考企业处境，找出该做的事。

（2）用口号传达策略

策略本身是复杂的，但是企业要用简单、直接的口号，传达策略的精髓，将策略融入员工的生活。譬如，福特汽车在面临品质遭受质疑的情况时，打出的口号是“品质是优先要务”，清楚地让大家知道策略目标。

（3）规划结果

企业喜欢利用管理工具（如平衡计分卡）来衡量重要指标，作为警讯之用。这个方法的缺点是，指标若显示未达标准，大家便开始慌张，并未与解决的执行办法联结。解决这个问题的方式是，以商业承诺代替策略衡量方法，清楚描述在时间限制下，可衡量的特定行动与结果。举例来说：“拓展新市场”可以改为“拓展某国市场，第几季能产出多少的额外收入”，最后再指派一位负责人，全权负责这个策略目标。

（4）规划你不做的事

员工总认为新策略是额外的工作，而这就是策略受阻碍的重要因素。对原本工作就已繁重不堪的员工来说，对新策略的执行，只能草草了事，因此，企业策略不应该增加，而是要取代，把无须完成的策略取代掉，如此一来，员工不会感受到过大压力，做事时也不会失去焦点。

（5）开放策略

过去，策略只掌握在高层主管的手里，开放策略能让员工明白，什么工作才符合策略需要。同时，高层主管也要将绩效评估的标准与策略相结合，否则策略执行很容易失败。

（6）状况与进度自动化管理

高层主管平均花在掌控工作进度上的时间约是工作时间的65%，如果将这些时间花到做重要决策上，那么能给企业带来更多利益。企业应该通过网络工具来控制工作进度、了解最新收入状况，以及确认进行的活动是否偏离策略目标等。另外，网络工具能预先控制风险，譬如，提醒主管限制网络事业的开支，或针对高利润顾客需要，推动营销活动。如果企业主管能掌控这些资讯，就可以省下许多时间。

（7）建立执行与策略之间的良性循环

策略管理就是管理策略执行的程序，包含内部与外部资讯的结合。内部资讯是了解哪些活动目前正在运行，今天有哪些工作需要第一时间完成。外部资讯包括产业趋势、对手的动作、经济的走向等。主管必须掌握，哪些趋势转变了？这些趋势与企业的策略是否相违背？该采取什么应对措施？只有内部资讯与外部资讯相结合的情况下策略与执行之间才能良性互动。

领导决定团队的执行力

许多领导总认为执行的好坏关键在于员工，领导需要做的是管理好员工，制定合理的规章流程，挖掘员工的潜力以达到执行目标。这样的看法并不全错，然而却忽视了领导自身的行为对执行结果的影响的客观事实。人性的本质告诉我们，没有任何人能够被管理，人只能自己管理好自己，而领导管理好自己的行为，既是为团队执行做好表率、引导团队提升执行力之举，也是最为便捷、最低成本的管理方式。因此，领导要想领导好团队，首先要明白自身的行为能够左右企业的文化，唯有反复地自我评定和反省，才能提升自己的团队执行力。

1. 融入团队，全面了解

如果领导者不参与企业的实际运营，就会和企业运营的事实脱节，和员工产生隔阂。通过投入到实际业务经营中去，领导者可以培养出对经营状况的直觉感受力，通过和员工建立私交，领导者可以最先了解员工的心理动态，粉碎对执行计划的消极抵抗。在视察企业工作时，领导者要发现企业面临的重要挑战，肯定员工所做的工作，让员工感受到领导者对其工作的关心和肯定，激发其成就感。一位好的领导者，只要能掌握这一点，就能把公司治理得井然有序。

2. 实事求是，审视自身

很多企业领导者尤其是创业者潜意识里都会有英雄主义情结，对自己的能力和见识往往不自觉地过于自信，不愿意自我否定，因此在列举企业优点的时候往往滔滔不绝，而对于缺点则“鸵鸟心态”，轻描淡写，隐瞒错误，借故拖延，不愿意承认自己尚未想到解决方案。而事实上，领导者如果能够对员工坦诚相待，反而能够激励员工以主人翁的心态投入到企业发展建设中去，领导者以实事求是的态度和竞争对手的表现优劣做比较，反而有助于团队尽早认识自身的不足，迎头赶上，成为行业领军企业。因此，领导者用务实的态度审视自己的企业和自身，是其有足够勇气自我反省和自我控制的表现，是为集体争取更广阔发展空间的表现，能够促进整个团队和企业不断进步！

3. 明确目标及先后顺序

领导者要有善于把握执行工作重点的能力，即善于把握主次矛盾的能力。还要培养全局的战略观，只有具备全局的战略眼光，才能分清轻重缓急，抓住重点，通过复杂的市场情况，明确执行目标和先后顺序，让员工在执行中掌握方向，使资源运用获得最佳成效，从而有条不紊地指挥整个团队攻克任务。否则，员工可能会因为争夺资源使计划停滞。因此，在执行的过程中，领导者应该从新的角度厘清优先顺序，列出3~4个优先执行的重点，并根据领导者的跟进，制定后续方案，确定每个人都能够执行任务。

4. 提升自我，传授经验

"其身正，不令而行；其身不正，虽令不从"，作为领导者一定不能放弃自身能力的学习和要求，当领导者能够一针见血地找出问题关键，制订周密务实的执行计划，并且在工作中展现积极进取、锲而不舍、恪守制度等优秀品质时，员工自然会对其能力和人品产生肯定和钦佩，并自觉地以领导为榜样。而当领导者能够根据员工的工作方式和需求传授经验，则最能加强员工和组织的合作，提高员工的执行能力，打造学习型企业，形成良好的工作氛围，产生团队凝聚力，从而有效提升整个团队的执行力。

总之，领导者在团队执行中所担当的职务不仅仅是夸夸其词，胡乱指挥那么简单，他需要以身作则的工作态度，更需要高瞻远瞩的理性谋略，还需要心胸宽广的人品气度等，永远记住：领导决定着团队执行力，执行力决定着企业的成败兴衰！

如何提高组织执行力

与个人执行力相比，组织执行力是一个系统，它是对个人执行力要素与系统执行力要素的有机整合。整合调整好整个团队的资源和力量才能够将个人执行力最大化，因此，提高组织执行力不是简单地呼吁提高员工执行力以叠加，而需要从全局出发，将合适的人安排到合适的位置，将合适的资源配置到合适的目标上，做到物尽其用、人尽其才。领导者在这个过程中，需要关注以下三点管理任务。

1. 目标绩效管理

任何一个管理者在组织执行中都应该履行五项基本工作职能：做出决策、制定目标、组织执行、检查监控、培育下属。无论是这五项工作职能还是其他工作，都指向同一个最终目标，即一切行为都以结果为导向。因此，企业管理者首先要团结在一起，共同制定总体目标，谋求领导、员工致力于整个团队的共同发展。首先，在管理者的配合中，在没有出现原则问题的情况下尽量在下一级领导面前维护好上一级领导的权威，这样有利于保证团队的执行命令层层下达。其次，在管理中一定要注意权限，千万不要越级管理，将中间一层的管理者架空，从而造成员工和被越级管理者的不满及管理上的矛盾，使执行力下降。做到目标绩效管理，管理者可以不必陷入各种事务中，减少员工之间因职责不明产生误解，尽量避免出现当你需要信息时没有信息的局面，同时帮助员工找到错误和低效率的原因，避免重复错误。而员工自身也可以掌控合理的自我决策，节省时间。

2. 组织能力的管理

作为一个管理者，管理好人的能力才是做好事情的保障，因为人是知识、智慧、能力、经验、思想等的载体，通过对人的有效管理能让人的能力得到最大的应用与潜能的充分开发，更好地实现组织执行目标。为使人的能力得到最大程度地开发运用与个人价值得以充分实现，我们应建立科学合理的用人机制，这需要注意五条原则。

（1）匹配原则

人员的能力和其职位相吻合、相匹配。量体裁衣，量才适用，用人所长，避其所短（确定工作性质）；宁缺毋滥——通过职能分解或阶段性专项用人计划确保宁缺毋滥。

（2）互补原则

角色与功能互补、能力与专业互补、管理与技术互补、岗位与个性互补、个体与群体互补、年龄与性别互补等。

（3）系统思考、有机整合

优化组合，个人与工作群体、服务的客户、组织文化、组织环境匹配，对人员流程进行优化组合，让工作群体成为有机协调的统一体，而增强整个组织的执行力。

（4）动态平衡

人与岗位动态适应，人才有成长，岗位要调整；在职要受控制，升迁靠竞争，届满要轮岗，末位须淘汰；用人计划与职业生涯规划相结合，横向流动与纵向流动相结合，保持组织内外人员适度流动。也可以采用“量化计分，顺序选岗”的方式，提升员工工作积极性，让他们知道“有为才能有位”。

（5）信任与激励原则

通过竞争、考核、分配、激励等机制均以绩效为主要导向，激励员工，帮助他进行一定的职业规划，帮他憧憬一下自己的未来，这样就能极大地增加他对公司的忠诚度，并更加有效地提高他的工作热情。企业注意个体的差异性，将激励手法、方法与激励目的结合，建立公平的多跑道、多层次激励机制。

3. 组织气氛的管理

企业是由不同的部门和员工构成的，不同的个体在思考、行动时难免会产生差异。如何尽可能使不同的分力最终成为推动企业的合力，只有依靠企业文化。我们应建立一个能够和谐沟通、配合、协作的工作氛围，统一协调执行人员的行为，统一朝目标迈进。同时应建立一个健康的、积极的、向上的、舒适的工作、学习、生活、社交的氛围，让人才能够集中精力，不用为身外琐事分心；能够正常发挥，不用瞻前顾后；能够全力以赴，无后顾之忧。这样就能提升员工对企业的认同感、信任感、忠诚度，提升员工的士气与干劲、创造力与求知欲，从而更好地服务于组织目标。

当我们要解决一个问题或执行一项工作时，不妨多思考一下：可以从哪些角度入手，应对哪些对象实施管理，要采取哪些管理手段？且更要考虑清楚：我们的工作导向是什么，应达成的目标又是什么？

如何提高个人执行力

个人执行力，主要取决于两个因素：个人管理工作的能力和个人工作的态度，能力是基础，态度是关键。所以要提高个人执行力，一方面需要通过加强学习和工作事件来锻炼自己的职业素质和工作技能，另一方面也需要端正工作态度，培养工作兴趣和积极性。如何在工作实践中提高个人执行力？

1. 严格要求

我们发现，成功人士的经历和选择有千差万别，而他们的相同之处却只有一种，那就是严格要求自己！可以肯定地讲，一个不用心严格要求自己的人注定在各个方面都不可能取得成就，甚至连他的生活也会一团糟糕，因为懒散懈怠不认真的性格永远会令人轻视，由此也会让他一次次和机遇擦肩而过！严格要求是对工作的基本态度，也是个人在执行任务中责任心的体现，责任心的强弱，决定着执行力度的大小，决定着执行效果的好坏。要提高执行力，树立起强烈的责任意识是首要标准。因此，在工作的过程中，个人需要坚决克服不思进取，不求有功但求无过等得过且过的心态，调整好自己的工作标准和精神状态，认认真真、不折不扣地尽职尽责，绝不可消极应付，敷衍塞责、推卸责任。养成认真负责、追求卓越的良好习惯。在认真负责的同时，尽量追求完美，注重细节，将大事做好，将小事做细。

2. 脚踏实地

这个世界正处于高速化发展的进程中，人们的观念也在不断更新，不少投机行为带来的丰厚回报让人们的心态日趋浮躁，也由此不可避免地将此风气蔓延到我们的日常生活和工作中来了。我们看到越来越多的企业家们作风浮夸、好高骛远，转行做起了寻找捷径的投机生意，却一次次在自我陶醉中血本无归。我们更看到不少工作人员，在各自的岗位上心不在焉，对客户也无心沟通，却对各种不切实际的兼职创业、股票行市、娱乐八卦、办公政治等专心致志，结果不但本职工作没做好，其他方面依然庸庸碌碌。要知道，天下大事必作于细，古今事业必成于实。每个人岗位可能平凡，分工各有不同，但脚踏实地、兢兢业业地静下心来，从小事做起，一件一件抓落实，一项一项抓成效，你必定可以积小胜为大胜，逐步扩大自己的经验财富。

3. 管理进度

在现今的80、90后员工中经常存在一种流行病——“拖延综合征”，明明案头的工作堆积如山，明明要学的知识消化不完，却宁可咬着指甲发呆或者对着手机、电脑放空，也不愿意立即行动起来完成迫在眉睫的事情。这就必须强化时间观念和效率意识，做任何事都要有效地进行时间管理，把握工作进度，养成雷厉风行、干净利落的良好习惯。我们可以分析需要完成的任务，然后进行分解，从容易的部分开始着手，为启动任务做好计划，并设好启动提示，如采用手机闹钟提醒，或请同事提醒等，以提高工作效率。

4. 开拓创新

只有改革，才有活力；只有创新，才有发展。在竞争日益激烈、变化日趋迅猛的今天，创新和应变能力已成为推进发展的核心要素。因此，要提高执行力，就必须具备较强的改革精神和创新能力，坚决克服无所用心、生搬硬套的问题，充分发挥主观能动性，创造性地开展工作、执行指令，改进工作方法。在日常工作中，我们要敢于突破思维定式和传统经验的束缚，不断寻求新的思路和方法，使执行的力度更大、速度更快、效果更好。要养成勤于学习、善于思考的良好习惯，这样才能适应社会变化，跟上社会变化进程。

5. 自我控制

自我控制包括控制自我情绪和自我行动，如果一个人拥有抑制言行冲动，预留时间以便判定情势的能力，便可以避免因为没有足够地了解信息而做出错误言行使自己陷入窘境的尴尬；如果你具有很强的情绪控制能力，就能在面临压力时保持冷静，不会轻易气馁，也会在遭受挫折时保持高度的弹性，不会在事情没有达到预期时心烦意乱，或在受到同事的批评时，不能做出冷静、理性的反应。

6. 随机应变

世上的事永远不会一成不变，千万不要在墨守成规中让自己丧失灵活思考的能力，这就需要我们学会随机应变以适应不断变化着的外部情况。比如当你的班机晚点、取消的时候，你要能够快速地制订旅程替代方案；当你解决某个问题的第一种方案行不通，你就要能够想出第二种方案。而如果你的应变能力较弱，就会对计划改变或新加入的信息感到不适，就会在变化的环境中既难以完成自己既定的工作计划，又难以重组调整自己的工作任务。因此，我们要学会从多个角度看待问题以便从困境中发现积极的因素，我们要尝试从别人的角度考虑问题，以便掌握变数，从容应对意料之外的活动和挑战。随时为自己准备好计划，别让自己无路可退。

7. 善于解压

解压能力能够帮助我们以积极健康的心态应对工作，如果你善于缓解压力，那么当你面临挑战时，你将比别人更具有信心和从容，而能够在危机面前保持情绪稳定，也有利于将危机的难度降低以致化解。因此，在执行工作中，我们需要确定自己的压力源，采取多种解决办法，比如设定任务优先级以减低工作量带来的压力、多参加培训以降低对流程不熟悉的压力、多和同事沟通交流以减低环境陌生的压力等。

个人执行力的提高既有利于我们把握自己的工作和生活，更有利于团队组织整体执行力的提升，因此，领导者在团队管理的过程中，也需要及时关心员工，为员工找出提升自我执行的有效方案，促进集体和个人的共同进步。

把握执行的三个核心流程

流程能够让团队在执行任务时有章可循、有法可依，能够让每个成员按部就班、各司其职，是让执行有序进行、事半功倍的有力保障。在执行的流程中，策略流程界定了企业希望行进的方向，人员流程界定了参与执行的名额与要求，运营流程则将策略转化为具体行动，三大核心流程环环相扣，产出的结果便是执行力。

1. 人员流程

执行最重要的是将正确的人放到合适的位置上以保证策略和运营的正常实施，离开人员谈战略与运营是没有意义的，因为战略与运营的好坏得依靠人来判断市场、制定决策以及实际执行，若没有将选人、用人、育人的人员流程做好，企业的执行力必将瘫痪。因此，人员流程是执行力的核心流程中最重要的一项！企业在构建健全的人员流程时，必须围绕三大目标进行：①精准而深入地评估员工，量才用人，让每个员工能够找到合适的职位；②有一个鉴别与培养人才的体系，依照潜力培养人才，以适应公司未来执行战略发展的需要。③建立充实的领导人才储备库，有了完整的接班人计划与架构，公司就能够依照需要考核录取人才，为公司的长远发展打好接班计划的基础。总之，能够做到这些必须从重视人才开始，将人才的发展作为公司发展的重要指标，而不只是利润指标。

2. 策略流程

策略对企业而言有两大功用：提供“指引”以界定企业的方向以及定位；提供“做法”让领导人带领团队达到目标。一般情况下，企业的策略流程分为三大步骤：

（1）厘清前提，找出可行的策略方向

这里的前提包括：策略的层次，策略的基本要素、策略的制定者。策略层次的不同决定了策略重心的界限，事业部门的层次重心在于如何达到预定目标，而公司层次的策略则界定所参与事业的界限。策略的基本要素主要用于帮助领导人分析和选择，比如是降低成本还是强化产品设计或是建立新架构等，因此不宜太多，否则会导致策略过于复杂难于执行。策略的制定者最好直接由执行负责人来担任，因为他最了解外在的环境、问题和内在需求、能力。

（2）分析现状，拟定可行的策略规划

这一步重在找准企业的市场区隔和定位，必须具体表明我们的目标、如何执行的方法、所需的成本、涉及的风险和应对之策等。这个过程我们需要对外在的环境进行评估、了解现有的客户和市场、找准竞争对手、分析自身是否具备执行的能力等，最重要的是，要在执行规划中兼顾短期和长期发展的平衡，让企业在持续性增长的基础上获利。

（3）检查跟进，确保执行的落实并进行效果评估

拟定策略计划后，必须先进行策略的评估，这是执行计划推行前最后的修正机会，检查、跟进执行策略时，必须注意考虑：各单位团队对于“目前的状况”和“未来的可能”是否充分掌握了解？我们的团队能力和资金成本能否应对未来的变化并维持到我们获胜？我们是否贪多求全从而导致经营失焦？最重要的是，我们的策略流程能否清楚地衔接到人员流程和运营流程？

3. 运营流程

运营流程为执行人员指明了路径，并将长期计划切割成一个个短期目标，让大家清楚究竟要怎样去做。

有执行力的运营流程不是单纯地由领导机械化地空喊口号，而是现实与目标紧扣，人员和责任连接，它的流程应该是自下而上的：由各部门员工共同参与讨论出现实的假设→制定各部门运营计划→根据运营计划来编制预算→追求目标。这样的运营流程具有权责分明的特点：员工在参与设定符合现实的目标时会将这些目标与他们可获得的报酬相结合，这样他们就会主动将目标的达成视为自身责任。

值得指出的是，运营流程的制定必须在基于现实的基础上具有清晰的目标执行步骤，即有详尽的短期计划。运营流程本质上是战略目标的具体分解，详尽的计划加上积极的行动才能保证战略的落地。这当中包括了企业关键的指标，如营业收入、营业利润、现金流、市场占有率等。

从某种意义上讲，战略就是做正确的事，运营就是把事做正确，人员则是用对人。人员的挑选与提拔要参考公司战略与运营计划，运营流程则又须考虑人员与战略问题，而战略的制定则又须建立在合适的人员与良好的运营上。这三项流程彼此联结，相互依赖，共同构成了执行力的三大核心，绝不可各自为政，独立存在。

组织执行力的九个误区

提升组织执行力已经成为各企业经营者的共识，然而在打造执行力的过程中仍然存在不少误区，这种表面上积极推动执行，实际上却导致执行力下降的行为大家必须尽早认识。

1. 完美强迫症

曾经一段时间网络上“大黑”处女座，认为处女座追求完美到“龟毛”，而事实上，有多少企业正是这样的“完美强迫症”患者？更可怕的是，这些企业甚至并不以为意，在一片嘲笑声中坚持着自以为是的“优秀品质”，甚至以此为公司宗旨和信条。然而，在执行理论上凡事追求完美却是另一回事，因为完美意味着更多的时间投入。尤其是对于那些难以容忍细微过失，认为不完美就没有价值的领导者而言，这种完美强迫症已经成为了一种性格障碍，严重阻碍了执行的进程，同时也将焦虑的情绪在团队中蔓延。许多执行力比较差的企业，正是由于领导过分挑剔，下属经常无所适存，导致公司许多事情无人敢做决定，每个人都在为尽量满足老板的完美要求而行动，有些该做的事情就干脆放弃不做，给企业造成很大影响。执行的真谛是：发展的问题，要在发展中解决，容忍错误是为了进一步突破创新。因此，没有百分百的完美，只有对完美的不断追求！

2. 无条件服从

许多领导者，尤其是具有军队作风的领导者很喜欢强调员工的无条件服从。而实际上，这种观念只是OEM（代工生产）制造业时代的产物。这实际上是“产品制造”时代，将人当成工具以实现原始机械化大生产的规模效率。彼时，改革开放初期，企业几乎都在模仿国外的产品和技术，强调员工服从可以提高生产力，降低成本。而在“品牌创造”的今天，市场供过于求，我们更强调的则是能够准确理解消费者的内在需求，进而创造性地满足客户，实现差异化营销和品牌打造。这就需要激发和运用员工的智慧，关注消费者，提供个性化的独特品牌价值。

3. 不许有借口

前些年一直在营销界流行着西点军校的名言：我们唯一的借口是没有借口！仿佛领导的形象永远是高大上的，并且就算是领导的命令是错误的，我们也要一往无前、毫不犹豫地执行。这实在是近乎于“文化大革命”时代的荒唐理念了，要知道，“问题即机会”，员工没有讲出来的“借口”或许正是需要我们改进的地方，就事论事地对执行策略进行调整并不会影响到领导的威信，相反更能创造出意想不到的价值。领导者必须清楚：执行不力的责任并不仅仅在于员工，更在于领导。作为领导，执行不是简单地领着“敢死队”冲锋陷阵，更有责任和义务引导疏通员工的心理，将公司的执行战略转变成每个员工的战略行为。

4. 心态决定论

曾经有一句话：心态决定命运。这几乎成为每个企业激励员工的名言警句，认为只要充分发挥员工的主观能动性和挖掘员工的潜能就能够解决执行路上的一切困难。而事实上，企业需要的是团队组织化的执行力而绝非仅仅是个人化的执行力，团队组织化执行力更需要合理的规章制度和运营流程。这其实也反映了这些企业的一个致命点：缺乏正规流程制度和面对现实障碍的勇气！没有强大的内在结构作支撑才会一味地强求人的主观能动性来麻痹自我，弥补制度缺陷。

5. 集体最重要

在团队执行时，很多领导者很容易会心安理得地宣扬“团队利益高于个人利益”的观念，将团队的位置抬得至高无上，而事实上人性的自私却与这一点相抵触。领导者尤其要明白：团队执行力是基于个人利益的团队实现，团队成员的利益才是团队执行力的根基，在管理团队时我们需要“以人为本”，提供双赢的制度环境，将团队的价值观、战略部署、重大事项等发展成每一个成员实现个人利益的一部分。需要注意的是，个人利益并不仅仅是物质，也包含了地位、声望、互动归属感、价值成就感等。

6. 文化无用论

和恩威并施的执行制度以及按部就班的执行流程不同，执行文化是属于形而上的精神层面，而正是由于它看不见摸不着的特性，导致了领导者对其忽视或者管理不到位。大多数情况是，尽管领导者能够感觉到团队执行的不力，却找不到其他实质上的错误，这时候就要考虑是否是执行文化出现了问题。因为执行文化虽然看不见，却无时不影响着团队的执行力，打造好的执行文化就是增强执行软实力。一般公司的文化都是好高骛远的抽象口号，成员对于这些并不会有强烈的认同感，打造执行文化领导者需要解决的是员工的思想问题，因此要切实了解员工的需求，将团队的执行文化和员工的美好愿景相结合，引导其热爱自己的工作，甚至在日常生活中的细节处理上尽量发挥团队文化，激励员工的工作意愿，增强团队凝聚力。

7. 流程很复杂

很多一心想打造组织执行力的领导容易犯一个致命的错误观念：复杂等于科学。尤其是小心谨慎，事必躬亲的领导，往往一个执行方案要经过多次讨论，一次预算报表也需要多方审核，而事实上，烦琐冗杂的流程不仅会让员工疲于应付，离心离德，而且在应对一些现实变化时，员工也会囿于条款，不知变通，进而拖累了整个团队的执行速度。科学的执行流程不是做加法，而是做减法，省去不必要的步骤，既能有效省时省力，更能提高团队执行的效率。

8. 迷信创新论

创新是发展的源泉，唯有创新，才能进步！这句话看似很对，其实需要辩证地看待，在执行理论中，尤其需要强大的决心和将简单的事情做到极致的恒心。其实在很多企业经营者眼中，创新等同于快速成功的捷径。依赖创新的确可以短时间吸引消费者的眼球，却也必然在下一个创新中被遗忘。真正基业常青的企业，其创新只是发生在重大变革的时期，而在组织执行的过程中必定专注于已有的明确的方向，矢志不渝地走下去，走出自己的文化和特色，从而在消费者心中留下深刻印记。

9. 竞争没核心

人性是贪婪的，尤其在一些颇有野心的领导者眼中，几乎每一个人都是他们的重要客户，几乎每一个同行都是他的竞争对手，甚至想要让自己的产品和团队服务于全部市场。而事实上，面面俱到就等于面面不到，没有强调独特的客户价值，你就远离了核心竞争力的打造。没有核心竞争力就相当于一个讨好每个人却吸引不到任何人的庸者！执行力的本质是做投资回报率最大的事，最大的投资回报率则在于你的客户，因此，唯有明确自己的目标客户，才能形成自己的核心价值，才能让自己的团队资源在执行中有的放矢，毫不费力地将团队能量发挥到极致。

第五章 传播力

没有传播，何来品牌

对于医药、能源、软件等技术型行业来说，广告的意义和要求似乎并不如快消、日化等行业高。而实际上，只要是营销驱动型的企业，其品牌的生命力都缘于广告传播！纵观市场，有近乎九成以上的消费品都是面向消费者的营销驱动型产品，毋庸置疑，在今天这个资讯泛滥、传播过度、节奏飞快、“酒香也怕巷子深”的时代，我们可以负责任地对大部分企业说：企业命脉在营销，营销命脉在品牌，品牌命脉在传播！

缺乏品牌传播理念、缺少专业传播策划指导、传播费用上捉襟见肘，这是中国中小型企业普遍存在的“软肋”，可以说其品牌传播理念和操作水平尚属初级阶段。问及此，企业总会有各种各样的理由，最掷地有声又无可奈何的一句就是：业绩上不去，哪有本钱谈什么传播？在他们眼中，传播意味着消费，意味着拉低企业的财务，是奢侈品。而事实上，在信息充斥市场的当代，你不传播就意味着要被竞争对手的海量信息淹没，你不传播就意味着要被首选品牌的消费者雪藏，因此，笔者想对这些老板说：传播真真实实、的的确确不是奢侈品，而是必需品啊！

其实传播力和销售力从来都是难分彼此的孪生兄弟，宣传的本身就是促进产品或服务的销售，销售产品的过程也存在品牌的宣传。这就好比一个本来普普通通、无人关注的人，突然站在了演讲台上或幽默风趣或严谨负责地展现出自己的文化内涵、人格思想等优势，我们相信如果其演讲足够丰富多彩，富有感染力，观众必然会被其魅力吸引，渐渐地忽略掉他的不足之处，和他展开深入交流，最终促成其知名度的打响和其销售自我目标的成功。因此，传播力和销售力，两者互为表里，相互促进，我们切不可将它们切割开来，使得两者孤立无援，相看至死。

现如今很多企业面临的尴尬现状是：真正有品牌经营理念的企业，为数不多。有理念，并精于品牌传播的企业，更是寥寥无几。消费者不仅对企业的产品认知度、接受度不高，一般消费者对很多企业品牌普遍没有认知。尽管企业一心扑在销售上，却没有在销售中获利，反而被后来品牌传播者渐渐超越，本有的市场也因为消费者品牌转移而越来越小，这是明显只抓销售不抓品牌的结果。

企业会意识到品牌传播，但品牌传播手段和方法单一，缺乏整合性思维和整体的品牌传播策略，没能在品牌和消费者之间架起沟通的桥梁，在激烈的竞争中逐步退出市场也是迟早的事。品牌传播首先要有整体思维，其次手段的选择也十分重要。品牌传播不仅仅是广告宣传，不仅仅是单纯的企业手册、形象广告、公司网站，更需要不断突破创新，适应媒体发展的新形势、市场的新需求，简单粗暴的传播方式最多只能在招商阶段起到一点作用，对终端销售中最重要的“打动消费者”环节没有任何作用。因此，企业需要树立整合性传播思维。在新的媒体和营销竞争环境下，仅企业自身的“策划”是远远不够的，企业要善于“借外脑”学会协同新闻传播、公关传播、口碑传播、网络传播、多种媒体组合传播等新的传播手段和方法，以传播的“组合拳策略”来快速提升品牌。这里最核心的是要建立一个“整合传播”的系统概念。

在管理中，善于抓住核心问题，解决主要矛盾，其他的问题自然不攻自破，正所谓纲举目张，传播力就是企业塑造品牌力的纲！品牌，因为传播，才有生命、有力量，才能征服消费者。不经过传播的品牌，即使拥有最宏伟的发展规划，也只是空中楼阁。

传播赢在创新，贵在坚持

目前，国内中小企业的品牌传播正面临着严峻的形势，包括传播内容和形式的同质化、夸大现象严重、垃圾信息泛滥、虚假问题屡禁不止、盲目跟风炒概念、表现形式缺乏新意、信息分布比例不合理等。消费者在“乱哄哄你方唱罢我登场”的品牌中丧失了辨别能力，企业也在每天嘈杂的传播大合唱中迷失了品牌传播方向。如何在这种恶劣的传播环境中生存？如何让自己的品牌在如云的对手中鹤立鸡群？结合未来的传播形势和多年的策划经验，笔者认为：传播赢在创新，贵在坚持！

1．传播赢在创新

随着媒体环境、社会经济环境的变化以及新传播技术的革命，媒体数量和种类蓬勃发展，受众们的生活和注意力也被这些多元化的媒体沟通方式分散，传统品牌传播模式和媒介对于消费者的影响也变得越来越弱。消费者接受信息呈现碎片化、快餐化的特点，往往几秒钟就把品牌煞费苦心制作的传播内容抛到九霄云外了。在这样的传播环境下，企业要想通过信息传播表达出强烈的价值主张，打动消费者，似乎只有加大传播投入。而事实上，面对消费者和媒介接触方式的改变，企业迫切需要做的是：打破原有的思维惯性，寻找与目标受众沟通的有效方式。以品牌传播的创新，更好地控制品牌信息、提高传播效率，这也是降低传播成本的根本有效途径。

（1）创新传播内容

在一个高度同质化的时代，从产品上寻找亮点已经将各个企业拖得筋疲力尽，而无边无际的商品海洋和传播信息也让消费者应接不暇，痛苦难言。什么才能让消费者眼前一亮？很多企业寄希望于制造噱头，从而吸引消费者的眼球，让广告出位，这显然是不可能成功的。我们要认识到，消费者体验才是品牌价值传播的核心，因此，传播的内容就必须能够给消费者带去震撼、深刻的体验，使消费者容易辨认、乐于认知、乐于参与。品牌传播理论认为，只有与消费者心理层面的共鸣才是品牌传播的核心。要学会运用新媒体与消费者深度互动，共造品牌价值。

（2）创新传播模式

移动互联的普及、微博微信等社会化媒体的火热，使消费者接收信息呈现出三个特征：迅速、碎片化、互动性。在这样的环境中，品牌的塑造再也无法由品牌精英一手操持，依靠单一角度、单一传播的模式显然已不足以支撑品牌传播和达成与消费者深度互动的效果了。因此，学会从全方位、多角度地让消费者接触体验到品牌的全新魅力，就成为品牌传播不二之选的大手笔之作。押宝《中国好声音》的加多宝随着主持人华少独特主持风格的大红实现了品牌的华丽转身；仁和药业与湖南卫视携手《仁和闪亮新主播》，随着比赛的不断白热化而迅速跻身全国品牌之列；民生药业小金维他的阳光伙伴活动火爆大江南北，这些品牌都让消费者全身心地投入到品牌传播的过程中，自然消费者也就会记住产品，了解品牌文化，并最终达到情感的认同，从而被“温柔地杀死”。

（3）创新传播工具

不同品牌传播工具本身所借助的传播媒体不同，适用于承载的品牌信息也会不同，传播方式也会与其他工具有所差异，从而对品牌传播的影响和价值也会不同，因此，针对品牌本身的特性应选择相应的传播工具。当然，紧跟传播工具发展更新的潮流，把准受众心理接受的脉搏，积极创新整合传播工具也是有效的方法。如当初的王老吉，将传统凉茶定位于年轻消费人群，于是选择其接受度最高的论坛、博客等网络传播的工具，实现了其品牌传播的轰动效果。而在品牌信息充斥网络的今天，王老吉如果还是局限于网络新闻稿、论坛的传播，恐怕也未必能够实现当年的轰动效果。

2. 传播贵在坚持

中小企业在品牌传播的过程中会出现不断调整策略的情况，当然找准正确的定位和合适的策略方向是必需的，而实际上，大部分朝令夕改的广告往往缘于人性的浮躁与贪婪和胆怯。因为贪婪，所以想将自认为的所有优点全部灌输给消费者，所以想将消费人群尽可能地覆盖；因为浮躁，所以想最快地向传播要回报，所以想不断地变更传播的品牌概念；因为胆怯，所以害怕自己的付出没有回报，所以在纷繁的选择中无所适从。

（1）传播定位有舍才有得

人脑是一个有限的容器，能记住的品牌和概念十分有限，而不同人群由于自身诉求不同，对传播的记忆点也会有不同选择，企业的品牌传播想要在有限的广告长度中让所有人群记住自己的所有优点，无异于痴人说梦。因此，传播定位切忌大而全，而应少而狠，紧紧抓住最关键的目标受众和品牌的契合点，进而言简意赅地表达自己能够满足其迫切需求的品牌价值就足够了。

（2）传播积累长期才有效

品牌传播实际上是一项持续性的投资，它是将企业有形资产转化为精神文化等无形资产的过程，这个过程抢占的资源就是消费者的心智，在消费者心目中将品牌和品类画上等号，让消费者在购买同类产品的第一时间就会对我们的品牌做出购买选择。而如果你不断地变更品牌传播的概念和传播的形式，则会让消费者的品牌记忆陷入混乱，企业好不容易建立起来的传播效果也随之前功尽弃。因此，我们看但凡是传承下来的知名品牌，都不约而同地有一个共同点：他们的品牌主张和传播调性几乎百年不变。

（3）传播气场强大才有力

有句话叫作“谎言说上一千遍也会成为真理”，正所谓“假作真时真亦假”，品牌传播的过程实质上也是推销的过程，这个过程中传播者首先要做到的是说服自己，感动自己，让自己在潜意识中相信自己，进而以这样的情绪气场感染到目标受众。因此，品牌传播的气场十分重要，如果你对自己都没有底气，又凭什么希望别人选择你？农夫山泉真的如它说的“有点甜”？康师傅泡面真的那般美味劲道？这其中，品牌传播的心理暗示起到了关键作用。所以，哪怕是虚伪也要虚伪到无比真诚，哪怕是做戏也要做戏到理直气壮。

如何制定合理的传播策略

传播的目标就是使品牌与人建立关系，传播策略就是达成传播目标最快速有效的方法，它指导我们做一些事来改变或确定消费者对某事的态度。在制定传播策略时，我们需要明白三个要点，即我们目前的传播现状，想要达到的传播目标，如何分阶段达到传播目标。

完成以上三点，我们需要紧紧围绕具体传播目标，分析其目标受众人群的组成以及这些人群的生活习惯，发掘他们接触信息的主要渠道；进行媒体研究与选择，在这个媒体过剩的时代，无论是新闻报道还是广告宣传，对于媒体的选择和组合使用都变得十分重要，而正确的媒体选择、组合来源于深入的分析研究；除此之外，还需要发挥公关沟通、媒体权威性、影响力的作用，关注记者分配、报道特色、宣传重点、评价和选择媒体、划分重点和次重点媒体、组合媒体等，以保证有效进行媒体传播活动。针对传播策略的制定，桑迪总结出一套独特的思考方式——“九阴真经”，在此与读者们共同探讨，一起进步。

1. 传播扮演的角色——传播想做什么

任何一项传播都需要明确其目的，这样才能让传播的内容有中心思想，让传播的媒介选择有针对性，让广告扮演的角色变得鲜明生动。例如同样是冰激凌，梦龙更着重于口感的宣传，而哈根达斯则讲求氛围情调，同样是家电产品，海尔强调的是一条龙服务，而格力则以节能省电为主打口号，这些都是取决于企业想要表达的目的，想要在消费者心目中树立怎样的品牌个性。总体来说，广告扮演的角色就是企业传播时想达到的目的，是诉求产品功效还是建立企业形象，是打造产品品牌还是宣传生活理念，这是我们制定合理传播策略时需要思考的第一个问题。

2. 品牌定义——我是谁

任何一种企业营销传播，都离不开对目标受众的自我介绍，也就是告诉别人，我是谁？早期广告很简单，如酒坊就挂个酒旗，茶馆就挂个茶旗，这看似搞笑其实和早期的电视广告雷同，只不过电视以影像的效果更形象地来传播罢了。随着竞争者的增多，品牌传播更需要用形象化的方式来描绘本品牌独特的个性，如飘柔主打顺滑的诉求，那么其广告演员无一例外的都是长发飘飘的淑女形象，而沙宣偏向于时尚个性，它的广告则会选择一些前卫的模特造型；同样是饮料，可口可乐以年轻化的另类方式表达激情爽口，王老吉则以吃火锅等聚会场景针对怕上火。品牌定义，既是告诉别人我是谁，也是在吸引有同样个性需求的目标受众。

3. 竞争范畴——我和谁竞争

长期的市场发展告诉我们，任何一个行业发展到最后都会出现两大不相伯仲的龙头品牌，如可口可乐和百事可乐，宝洁和联合利华，肯德基和麦当劳等，因为有竞争才能满足消费者的多样化需求，有竞争才能督促竞争双方不断进步。制定传播策略也免不了这个过程，如果你是一个新品，那么也要为自己树立一个假想对手，通过比较找到自己与同类的差异点，通过分析竞争对手未曾满足消费者潜在需求的弱势，以差异化传播迅速吸引受众的注意力，抢占市场空白点。如白加黑，区别于普通感冒药服用后会嗜睡，成为第一个只在夜用片中保留抗过敏成分，而日用片不再有嗜睡副作用的感冒药，迎合目标人群昼夜分明的所需状态，体现了该公司的人性关怀，也使得白加黑成为感冒药的领导品牌。

4. 目标市场——谁要我

目标市场就是企业期望并有能力占领和开拓，能为企业带来最佳营销机会与最大经济效益的具有大体相近需求、企业决定以相应商品和服务去满足其需求、为其服务的消费者群体。简单的例子，宝洁旗下洗发水分为飘柔、海飞丝、潘婷，针对不同消费人群的需求制定目标市场的传播策略，有条不紊地占据了洗发水市场的半壁江山，反观清扬、百年润发等品牌，尽管属于后来者，却仍以细分而非全占的方式希望和宝洁的子品牌对抗。随着市场的丰富，无论是新品牌还是老品牌细分目标市场将不仅是其营销的基本手段，也是营销传播的基本思维模式。

5. 我们现在何处——那些人现在怎么说我

《老子》云："知人者智，自知者明。"能够清晰地分析竞争对手的优劣势和目标受众的需求点固然是营销的智慧，而能够客观审视自身所处的环境和自身的优劣势资源也是一种难能可贵的明智。一些小有所成的企业，往往有听不进批评的陋习，因此在选择第三方咨询公司的时候也惯于听一些正面的、积极的、表扬的言语，这其实是很危险的，正所谓"有所好乐，则不得其正"，企业不能够客观审视自身，仅仅做到了"知人者智"，却缺乏自知之明，很容易会陷入眼高手低、志大才疏的怪圈。早些年的亿利甘草良咽，看到其他同类产品未能满足烟民这一市场空白点固然可喜，然而却忽视了自身在渠道架构上的不成熟，终于在巨资邀请葛优和吕丽萍做广告、招商的轰轰烈烈后，如昙花一现般让可喜变成了可惜，这不能不算是个教训。

6. 我们将往何处去——希望那些人怎样想我

当凉茶被消费者想成了王老吉时，王老吉成功了；当智能手机被消费者想成了苹果时，苹果风靡了；当速溶咖啡被消费者想成了雀巢时，雀巢壮大了……品牌联想几乎是所有企业传播者想达到的一大境界。希望传播后达到让消费者提到实物就能联想到我们的产品或品牌也是一门艺术，雀巢固然因为联想壮大了，其雀巢果珍却也因为这种联想不能拓展，而云南白药被消费者理解为伤科圣药却能够助推其云南白药牙膏在快消市场上和外资抗衡，同样是住进消费者心里，一个代表着品牌的巅峰，一个代表品牌拓展的空间，我们将往何处去？

7. 按钮——哪一件事是引爆点

如果你的广告宣传已经传播开来却反响平平，那么你需要思考你们是否没有找准启动传播的按钮，即整合传播的引爆点。这个按钮能联结产品利益点及受众情感的需求，有感召力能令大众投入并产生共鸣，能触及某种关键时刻令受众难以忘怀……这就是为什么星巴克虽然卖咖啡但其门店环境却很考究，因为小资情调才是其传播的情感按钮；为什么斯达舒的广告虽然被评为恶俗却销售上涨，因为形象的胃痛感受是其传播的共鸣引爆点；王老吉为什么在震灾中豪捐一个亿，因为民族情结和全国关注的正是其传播的事件引爆点。

8. 支持点——改变人们想法的转折点，为什么你敢这么说

需要说明的是，传播不是信口开河，广告也不是夸大其词，信息泛滥时期，消费者的思维越来越客观理性，而一旦对某品牌产生信任，其对品牌的忠诚度也必将大大提高，想要转变消费者的想法，你必须找到你的支持点，即产品或品牌的独特优势。这是你让消费者转牌的资本，也是你敢于对抗竞争者的底气。可乐市场曾有过一段群雄混战时期，最后却是百事可乐成了和老牌可口可乐叫板的品牌，其找到了新鲜时尚的年轻人群定位固然是一方面，但是更偏甜的口感则是其品牌传播的支持点。反观国内的保健品市场无法突破瓶颈，过度承诺而没有支持点的广告显然是一大害。

9. 调性——传播策略的基础

永远不要指望儿童会对黑白灰的包装和叫嚣式的电视广告感兴趣，同样也不要指望严肃的中老年人会认可 Hello Kitty（品牌品）、喜羊羊与灰太

狼的说唱童音传播方式，广告的调性正在于此。针对传播的目标受众大部分的个性倾向制定与品牌相符的传播调性是传播策略的基础，如果你的传播无法做到喜闻乐见，那么起码不要引起争议和厌恶。比如，曾经有国内胃药产品选择网络红人“凤姐”为其宣传，其效果除了吸引眼球，成为人们茶余饭后的谈资，对其实质的营销业绩影响可想而知。

新闻软传播，隐形创品牌

网络的交互性和互动性让广大网民与社会传播得以紧密联系，也让原本的新闻不仅仅成为供人们阅读的事件，而是可以更多地参与到事件的讨论甚至影响中去，在这样的情况下，企业传播的“新闻着陆”必将是一个趋势。根据心理学研究表明，社会公众往往会根据自己的需要、兴趣、知识、价值观、经验、习惯等对信息进行选择性注意、选择性理解和选择性记忆。而新闻囊括了信息、猎奇、教育、娱乐等各个方面的功能和资讯，无疑能够满足大部分人的需求，因此，新闻当之无愧地已经成为一种优势的传播资源。

在商业环境日益丰富的今天，人们的日常消费习惯和消费心态受新环境的影响也成长起来，理性消费也必然成为趋势。如果各种媒体长时间、大剂量地说服、灌输，则很容易造成受众的逆反心理，这种逆反心理的存在将直接影响品牌形象传播的效果，因此，在把握消费者这一心态变化的情况下，不少企业在传播的过程中果断舍弃以往的硬性强制的推销式传播，而设计出各种植入式广告、新闻报道等软传播方式，以思想化资讯来吸引广大受众，通过新闻软传播的方式，隐形创造品牌。

在网络的信息海洋里，新闻资讯是最有价值的信息，如果企业的营销传播能够借力新闻事件，其传播的效果必将事半功倍。

东药集团复美欣的网络传播正是通过新闻软传播的方式取得了意

想不到的效果。2010 年耐药性极强的新型超级细菌 NDM－1 的新闻引起了社会广泛关注，在卫生部发布的《产 NDM－1 泛耐药肠杆菌科细菌感染诊疗指南》中，只有氨基糖苷类、氟喹诺酮类、磷霉素具有市场推广价值。其中磷霉素作为特殊抗生素，安全性高、没有交叉耐药性，在基层推广度极高，东药集团的磷霉素“复美欣”恰与超级细菌这一热点有着天然联系，极具可推广性。于是，通过借助超级细菌这一社会关注新闻热点，东药集团进行了新闻软传播，通过有关超级细菌的新闻将磷霉素和东药集团联系起来，隐形中为东药集团创造出进行超级细菌中国式应对的良好企业形象，强化了东药集团在行业内、市场上、医生及消费者心目中的品牌影响力。

俗语有云：柔能克刚。软传播的意义就在于，运用柔性的力量，将消费者的内心变成一座不设防的城市，从消费者和受众的立场出发，以渗透式、互动式和分享式的视角入手，力求使传播者和受众之间达成“平视”角度，产生思想共鸣，让传播的品牌能在消费者心中实现“软着陆”，使品牌在消费者心中扎根生长，进而开花结果，使消费者成为品牌忠实的拥护者和传播者。

信息化时代，传播力如何系统升级

2012 年后，媒体传播没有因为“世界末日”而进入停滞，反而在网络营销中迎来蜕变，找到新生。在互联网信息白热化的大背景下，各行各业纷纷转向互联网营销是必然的趋势，但因此就说传统媒体必将没落、迅速消亡也未免有失偏颇。处于传统传播向新兴媒体更新的阶段，当代企业掌握的媒体资源之多，前无古人；处于信息泛滥化向信息制度完善化过渡的阶段，当代企业面临的能力挑战之强，后无来者。信息化时代，企业如何把握时机，实现传播力的系统升级？

1. 多管齐下，一个声音

任何具有一定规模的企业每年都会有一定的广告费用，但这些广告费用合理地用在合适的媒体上却不得而知。有人说网络新媒体的兴起必将承担起结束传统传播媒体，而事实上传统媒体还没有消逝，这也反过来意味着有不少消费者还是能够接受这样的传播方式的，传统媒体依然代表着一定的权威和作用。因此，企业在作传播的时候，切忌只单纯地采用一面，最好能够海陆空全面整合，多管齐下。

因为不同的产品和服务所面对的消费人群是不同层次的，所以传播工具没有雅俗高下之分，也没有威力大小之别，所谓“不管白猫黑猫，抓到老鼠就是好猫”，传播的目标是销售，能够与目标消费者形成衔接点，并打动目标消费者内心的广告就是好的广告。传统广告传播是将产品、渠道、价格、促销进行分阶段地整合推广，而在信息化时代，品牌传播必将是海陆空所有的广告、公关、终端、网络等传播工具针对目标消费者在统一强势的活动或话题下，进行集中传播。这个过程所涉及的多种传播工具并非相互脱离，企业通常可以根据自身的实际需要，整合运用多种工具，形成优化的品牌传播组合，这样不但能够保证传播的一致性，更能够壮大品牌传播气势，最大限度地提升品牌传播效率。

脑白金红遍大江南北，当年却对北上广市场束手无策，久攻不下，很大原因是这部分区域的消费人群有着和二三线城市不同的消费理念，当脑白金的广告刷在了农村、工厂、铁路边的围墙上时，也就意味着它和城市消费者失去了衔接点，而当年的养生堂的龟鳖丸从一开始就定位于城市消费者，自然就不会采用地方广播、墙面海报之类的硬广告。

2. 创新传播“实效化”

传统的品牌传播，一般是先树立知名度，然后再塑造品牌美誉度，接下来是通过持续的电视广告、公关活动、产品使用体验，打造品牌可信度、忠诚度、依赖度。这在信息化时代也有可取之处，然而考虑到目前信息更新的加速，随着竞争形势的激烈和消费者的日趋理性，品牌传播将更为讲究“实效性”。

当今是一个体验经济的时代，也是一个微利时代，更是新媒体、传统媒体互相博弈、优势互补的时代。因此，品牌传播有着很多创新的机会，媒体整合，创新传播使得品牌知名度、美誉度、可信度大大增加，也使得传播成本“节约化”、广告效果“最大化”的可能性大大提高。

无论采用哪种传播创新的方式，都需要牢记一个法则，即：将目标受众拉上互动的平台，通过活动、沟通取得其欢心，进而牢牢把握住市场机会。

3. 时间长不如话题好

传统的电视广告投放，往往根据“观众流”的理论，分析产品的目标受众是谁？这些目标受众的生活状态如何？在他们的生活中会产生怎样的接触点？在这些接触点上有哪些有效的沟通渠道、沟通内容？于是广告给人的感觉似乎是时间越长越好，从 15 秒到 30 秒，再到赞助节目，企业花费的巨额广告费用归根结底就是购买电视台的收视率。但消费者能否看到、关注程度、有效记忆等影响广告效果的几个方面均不能直观体现。互联网趋势让受众对电视节目的注意力逐渐减少，有关数据表明，在收看电视节目时，只有 14% 的观众会全身心地投入看广告，86% 的观众则在看广告时要么转而做其他事，要么直接换台。受众对电视广告关注度的变化，让企业在传播过程中迫切需要转变常规思维，解决让受众既完全关注又能理解认可企业品牌和产品的问题。

2004 年《天下无贼》电影大红，李冰冰在朝圣地偷的诺基亚 2300 出现了几个大特写，这让诺基亚在手机市场迅速抢尽风头，诺基亚“植入式”广告巧妙地成为一个话题，如“病毒”般快速传播开来，大多数受众也深深记住了诺基亚的品牌和款式，于是我们看到了植入式广告的力量；2005 年蒙牛酸酸乳赞助《超级女声》，随着节目中李宇春、周笔畅、何洁等选秀艺人的大红，蒙牛也随之火了一把，后来的加多宝赞助《中国好声音》的胜利自然也有借鉴前辈的意思，由此我们看到了赞助全民活动的威力；2010 年雪佛兰自拍《老男孩》微电影，随着主题曲唱遍华夏大地，雪佛兰也引发了市场的热烈反响，由此我们看到了自制剧的魅力。

反观越来越被消费者诟病的电视购物广告，无论是微电影，还是选秀活动，信息化时代告诉我们，让受众参与话题性的讨论中已经成为品牌传播的一个大趋势。

制定有效传播的十个法则

在广告界和企业界有句通用的名言：“我知道我的广告有一半的投入是浪费了，但我不知道是哪一半。”随着网络广告、楼宇电视、终端媒体、电子杂志等新媒体的出现，传统电视、报纸、户外、电台广告受众逐步被分流，常规的营销传播经常面临着低注意力、低忠诚度、低理解力、高警觉性，在严峻的环境中，如何制定有效的传播？

1. 找准传播定位

定位不对，一切白费。传播再怎么变化也只是形式在变，不变的是传播的定位主旨。可口可乐创立百年来每年都会推出新的广告形式，选择新的代言人，而这么多变的目的不过是以新潮的花样维护其最初的年轻人群定位。当你费尽心思做了许多传播工作后却发现你的听众无动于衷，那么就应该反省是否找错了目标定位。请记住：找准定位，是有效传播的基石。

2. 把握受众心态

广告受众的受传心态，指的是广告受众在接触、接收和阅读广告作品时所具有的特殊心态。受众的受传心态是决定他是否对广告文案所传达的信息产生关注、发生兴趣，是否欣然接受广告信息、产生广告者所期待的行为的一个重要的因素。因此，说什么、怎么说，企业应该顺应受众的心理诉求，采用与受众的价值观、消费观、生活方式相统一的观点，在产品的利益点诉求上，与消费者的理想点合拍。

3. 目标导向传播

确立目标后，传播必将围绕这一目标进行开展。不同阶段，传播的目标不尽相同，传播的内容和载体自然也会随之变化。可采眼贴膜最初上市时目标是打造知名度，实现销售。因此，多选择在终端进行促销、硬广等，当规模达到一定程度时，需要的是阻击后来者跟风，树立品牌形象，因此选择请代言人进行电视广告宣传，扩大品牌影响力。

4. 科学选择媒体

传播媒体是发射内容的武器，选择合适的媒体传播可达到事半功倍的效果，引起轰动效应。反之，选择错误的媒体传播则会造成资源浪费，事倍功半。比如王老吉没有大胆选用网络传播媒体而只是在报纸等传统媒体上传播的话，收到的传播效果自然会大打折扣，而如果用电视、终端等媒体来宣传的话，则很容易因炒作嫌疑造成受众的逆反心理。因此，选择合适的媒体就好比选择一台爆米花机，投入几粒玉米便可以产出一大包爆米花。

5. 内容便于记忆

我们总会发现一个奇怪的现象，凡是被评为最佳广告的几乎用不了几年就消失不见了，而这些广告画面明明很唯美，修辞明明很优美。反而是那些被评为恶俗的广告，至今还在折磨着人们的耳朵。其实，究其根源不过是那些最佳广告缺乏易于记忆的点罢了。人们记住了代言人，记住了广告画面，记住了音乐，就是没记住品牌的名称和口号，而这对于广告主来说是致命的。

6. 集中优势兵力

《孙子兵法》讲："十则围之，五则攻之"，毛泽东十大军事原则讲："集中优势兵力，各个歼灭敌人"，企业传播也是如此。当你在一段时间里想宣传自己的多个产品，或者想说明自己产品的多个优势时，那么很抱歉，你很可能得不偿失。因此，在广告传播时，要将选择的媒体火力集中到所要宣传点上，宣传点一定要越少越好，将精力、人力、财力、物力聚焦到一点就无形中强化了传播的力度，自然也会令传播的记忆度倍增。

7. 搞好传播"脉冲"

大部分产品都会有销售的淡旺季，也有些产品不分淡旺季常年销售，那么这些产品的传播该如何分布？如果全覆盖、高频率的话，无疑浪费了传播资源，如果低频次的播放，则达不到效果。搞好传播的"脉冲"其实有多种方式，比如市场导入期，可以前三个月或者前六个月进行密集型传播，然后渐渐地采用隔月播的方式，而隔天播的费用比每天播少 50%，实际上传播效果下降得却远远不到 50%，因此在产品的淡季可以减少播放频次，集中火力在旺季前十天左右进行造势宣传，这样自然大大降低了传播成本。

8. 营造传播氛围

传播所需的场合、气氛对于传播有着极其重要的作用，有时甚至是决定作用。有效的传播之所以能够实现，一定有这些因素的辅助，我们把传播所依存的这些时间、地点、场合、气氛称为传播环境。它包括物质环境和社会环境，还有特定的心理环境。苹果的饥饿营销就是在于其营造出苹果难以购买的氛围，将苹果高端的定位植根到消费者心目中，从而达到卖方市场的效果。

9. 及时反馈修改

营销传播的试销很重要，它可以让你及时把握最后的修改机会，不要觉得试销可有可无，它可以帮你避免很多错误，有的甚至是致命的细节错误。将一个广告跟踪3~6个月，看传播效果，评估反馈的意见和风险，根据一线的资料和消费者的反馈去调整，相信在二次传播的时候就能取得更好的效果。

10. 持续投资传播

最后，笔者想说的是，传播实在是一个持续性投资，曾有知名企业请营销专家策划，提出的意见就是坚持一句广告语几十年不变。为什么？因为传播的力量可以积累，当你不断地向消费者传播你的品牌理念和广告语时，在提到同类产品时消费者很有可能本能地想起你，而如果你没有定力，朝令夕改，那么非常遗憾，你不但在消费者心中留不下痕迹，也白白浪费了先前的心力。

解读社会化媒体传播之道

“社会化媒体营销”这个词在中国的广告主与互联网广告服务公司之间的流行程度已经与以前的“口碑营销”“软传播”等不相上下，随着社会化媒体营销的深入发展，我们已无须再谈论社会化媒体的重要性，而是应将目光聚焦在社会化媒体的传播之道上。社会化媒体传播如何深入受众心中？移动社会化媒体如何介入已经成型的媒体版图？企业如何驾驭社会化大数据……这些问题都是企业不得不进行思考的课题。

1. 社会化媒体传播的特点

社会化媒体是一种给予用户极大参与空间的新型媒体，它具有以下传播特点。

(1) 参与性

社会化媒体可以激发感兴趣的人主动地贡献和反馈，它模糊了媒体和受众之间的界限。如 BBS（电子布告栏），用户可以通过终端或互联网来进行连接，下载数据或程序、上传数据、阅读新闻、与其他用户交换消息等。

(2) 公开性

大部分社会化媒体服务都可以免费让人们参与，它们鼓励人们评论、反馈和分享信息。如在“天涯社区”“西祠胡同”等论坛，网民们经常针对一些新闻、社会热点等大事进行点评、转载或者原始披露，具有很强的公开性。

(3) 交流性

传统媒体是一种单向的信息流动，而社会化媒体的优势在于，信息的传播是双向的，是一种交流。如在博客、微博、人人网等社会化网络站点，人们可以建立个人的主页，与朋友分享内容并进行交流。

(4) 社区化

在社会化媒体中，人们可以很快地形成一个社区，并就共同感兴趣的内容进行有效地沟通，如在百度上的各种吧友，通过关系型网络社区活动，可以共同深入讨论对某问题的看法。

(5) 连通性

大部分的社会化媒体都可以通过链接和整合，将多种媒体融合到一起。如通过微博简短的文字介绍，链接到详细信息的企业网站，可以大大地接触到目标受众，逐步吸引受众了解自己的品牌文化。

2. 社会化媒体传播的策略

（1）以互动整合深入社会化媒体核心

绝大部分用户都会有使用多个不同社会化媒体的习惯，通过互动整合这些社会化媒体则能够聚集不同用户参与到企业传播的过程中。用户主导的传播，应该以用户的互动分享习惯为出发点开展。如玉兰油主要针对25岁以上的女性，这部分消费者有着看电视剧的习惯，因此在电视广告中可以带上玉兰油的企业官方微博，通过电视广告推广官博+微博从而推荐产品的传播方式，实现资源的优势整合。此外，互动整合媒体传播需要驱使营销目标聚焦以获取营销效果，这就需要从策略、资源与数据三个维度同时入手，保持互动整合目标的实现。如康师傅主要是针对年轻消费人群的饮料，而这部分人群可以通过校内网进行他们的兴趣界定，同时以活动推广的方式赢得他们的好感，如人人网曾推出的好友互泼康师傅的游戏活动，整个夏天都给目标受众带来深刻的消费影响。

（2）介入媒体需要点和面一起抓

移动社会化媒体用户是真实的精准用户，对这些用户的营销，一方面可以通过搭建各种移动终端平台（包括Wap网站、App应用、微博以及微信平台）来增加与用户的沟通接触面；另一方面可以通过移动终端强化对每一个移动用户的深度服务，让每一个移动用户都能成为我们的口碑传播点。如2013年，通过美的生活电器的微信自定义菜单，微信用户可自主选择了解美的产品及最新上市情况（售前），如需购买，可选择进入商城购买（售中）。还可通过微信查询售后服务，如查询服务网点、产品说明书、产品投诉、帮助及答疑等售后相关服务。大大拉近与客户的距离，也缩减了客户与企业之间的沟通成本。

（3）精度、深度与广度三个维度驾驭社会化媒体大数据

用户的社会化媒体行为会产生大量的数据。针对数据，不断提炼，挖掘与分析，将会形成不断完善成长的社会化媒体用户的数据价值升级。首

先，我们可以通过提炼大数据来完善用户数据档案，以此来强化用户数据深度。其次，我们可以挖掘社会化大数据，建立用户临时数据库，将与我们产生互动和分享的用户管理起来，实现用户数据的可持续积累，以此来强化用户数据广度。最后，我们通过对社会化大数据的分析，根据用户与厂商发生关系的紧密程度来对用户做分类，提高用户数据精度，便于实现精准营销。

社会化媒体在不断进步，企业营销者在这个浪潮中不进则退，面对挑战与机遇，营销者们需要思考的不仅仅是完成业绩任务，还需要学会在社会化媒体营销领域，根据社会化媒体的进化以及用户的不断变化，同步实现社媒营销策略的进化，才能在营销挑战中立于不败之地。

微营销传播，营造好口碑

如前所说，当今社会海量信息让人们不得不将自己的注意力分散到极限，而这样的分散，使得传播工作变得异常零散。碎片化时代赋予了企业营销更多的含义，也给企业营销带来了更多的渠道和方法，目前，以百科、问答、微博、微信、微电影以及社交网站为代表的“微传播”的兴起，正是新媒体的一项新变化。

微传播最大的好处就是可以直接面对消费者，向特定的用户进行一对一信息传播，是受众明确、需求清晰、有较强针对性、互动性的精确传播形式。与大众传播相比较，其传播内容更精确、传播对象更精准、传播渠道更精细，其本质则是以数字技术为基础的口碑传播。由于百科、问答、博客等属于较为早期的基础性网络微营销传播，本文决定在此不再赘述，主要分析企业如何利用目前比较流行且具有一定发展空间的微博、微信、微电影的微营销传播方式来树立品牌的良好口碑。

1. 微博：让娱乐缩短距离

移动互联网和智能手机的普及使得微博迅速扩张，成为微传播的主力军。从微博兴起的那一刻起，网络上总会隔三岔五地涌现出一批诸如“臣妾做不到”“我爸是李刚”“土豪我们做朋友”“人艰不拆”“何弃疗”等各种“流行语”，也会时不时地将一些不经意的语气、句式发展为诸如“甄嬛体”“凡客体”“咆哮体”“代言体”等各种“流行体”，这些“流行语”“流行体”无一例外地都源自微博或从微博上开始传播起来的。如 2011 年，黄晓明代言的“凡客体”广告出现在新浪微博上，短时间就覆盖影响 3000 万互联网用户，刷新新浪微博转发的新纪录。随后在“凡客体”余热还没有完全消退的时候，各大企业也纷纷推出自己的“凡客体”，加入到即时传播和娱乐大众的行列。此外，如 2012 年的加多宝“对不起”和“王老吉”的没关系体红遍网络的时候，随之可口可乐和百事可乐也相继推出相应的对比微博等。总体来说，微博传播，拥有以下几个优势。

①立体化：微博可以借助多种多媒体技术手段，用文字、图片、视频等展现形式对产品进行描述，从而使潜在消费者更形象、直接地接受信息。

②高速度：微博最显著的特征就是传播迅速快。一条热度高的微博在各种互联网平台上发出后经短时间内转发就可以抵达微博世界的每一个角落。

③便捷性：微博营销优于传统推广，无须严格审批，从而节约了大量的时间和成本。

④广泛性：通过粉丝形式进行病毒式传播，同时名人效应能使事件传播呈几何级放大。

⑤效率高：针对企业产品的 FAQ（经常问到的问题）提高效率，并且能快速帮助客服建立互相了解的通道。

2. 微信营销：让沟通变得更有深度

2011 年 1 月，腾讯公司推出了一款基于智能手机的即时通信服务应用软件——微信。作为一款以文字、图片、视频及语音短信等为传播语言的手机通信软件，微信凭借如此强大而丰富多样的功能，一经推出，很快得到了众多用户的青睐。随着微信使用人群的普及，微信在改变了人们的社交模式的同时也繁荣了社交网络，自然也蕴含着巨大的商业价值。越来越多的企业开始选用微信作为营销传播的平台，密切与顾客的联系。例如，2012 年 8 月，星巴克中国入驻微信，当用户扫描星巴克品牌二维码将其添加为好友后，只需用微信发送一个表情符号，星巴克就会根据用户发送的心情，用《自然醒》专辑中的音乐来回应用户，同时向其推送新产品信息。总的来说，微信传播拥有以下几个特点。

（1）传播符号多样化，多元化传播信息

微信的信息传播符号具有多样化的特点：语音、文字、图片、视频、表情等一应俱全。这其中，语音通信功能使人与人之间的交流方式得以回归，让企业在交流中便于更好地传递情绪、把握受众的心理，进而提高传播质量。

（2）多维化社交方式，线上线下相呼应

对企业来说，面对数以亿计的庞大用户群，可以通过微信的“位置签名”“二维码”等多样化的营销方式，向目标用户推送信息。以二维码扫描为例，在微信中，企业可以设定自己品牌的二维码，用折扣和优惠来吸引用户关注，用户通过手机摄像头扫描识别二维码，就能轻松获得相应的信息。在线上与商家建立联系，在线下进行消费，这充分体现了移动终端在线上线下发展的优势。

（3）精确定位目标人群，实现精准营销

在微信公众账号后台，企业可以看到用户的地域、性别等信息，企业可以利用微信公众平台的认证账号，通过后台的用户分组和地域控制，有针对性、有区别地向某一分类用户发送特定的信息，实现精准的信息推送。这样做既可以让目标用户看到合适的信息，同时又可以避免目标用户遭受无关信息的干扰。

（4）点对点深度沟通，利于客户关系管理

作为一个以用户关系为核心建立起来的社交平台，微信点对点的深度沟通机制符合企业客户关系管理的原则。企业可以利用微信做客服，通过聊天、解答疑惑等互动形式加深与消费者之间的联系，将普通关系发展成密切关系，从而产生更大的价值。

3. 微电影：让广告不再庸俗

隐性广告、植入广告、跨界广告、广告运动、整合广告……微传播时代，广告终于开始向它的本质——商业电影靠近。一部《老男孩》，点燃了两个老男孩的激情与梦想，也让你在感动的过程中接受了懂自己的雪佛兰。与其说《老男孩》是电影，不如说是雪佛兰的超长版商业广告。随后，微电影风起云涌，“人人爱看广告”的美好愿景得以实现。如果所有的广告都能如此感动受众，让受众看广告如偷菜、刷微博一样热爱，那便达到了广告业的至高境界。总体来说，微电影具有以下几个优势。

（1）宣传软性化

相比于传统广告的生硬，微电影采用了更加柔和的宣传，通过故事情节来打动观众，让观众在非常愉悦的心境下接受企业的相关信息，根据2011年微电影行业数据分析显示，89.6%的受众是愿意接受微电影广告的。其中8.9%的用户认为微电影播放区周围的文字广告用户接受度最高。

（2）成本低廉化

传统广告用于电视投放与植入电视或电影的投放费用是所有媒介中最高的，而微电影的“微”同时也体现在微投资上，一部微电影的投资从几千元到上万元不等，在投放上的花费就更少了，甚至不需要花费企业一分钱，只需要简单地上传到视频网站、自己的官网或者交友网站即可。这就大大缩减了品牌的促销费用，为产品节约了成本。

（3）传播便捷化

对于受众来说，微电影最重要的是其娱乐功能，人们不断地转发和分享有趣的创意，近似于网络病毒营销。微电影的魅力在于短小而有悬念，容易吸引受众主动且多次观看，而受众自发撰写的微电影影评，进一步达到持续传播和强化品牌冲击的效果。通过人们对于微电影的评论和转发，更容易受到更多观众欢迎。

（4）广告电影化

微电影能更好地诠释品牌理念，有明确的营销传播诉求点，诉求的方式坦诚、直接、自然，无时间限制，给创意提供巨大空间。微电影一方面带给受众全新感受，易于被大家接受。另一方面好的微电影能够让受众在精神上认同，给受众提供良好的视听体验，快速建立受众与品牌之间的信任。

不可小觑的网络传播力

这个世界唯一不变就是一切都在变，时代在变，商业模式在变，消费者心理在变，消费需求在变，或许60、70后的大部分人还习惯于通过电视、报纸、广播、户外等媒介获取资讯，但新兴80、90后，他们获取资讯的方式完全不同。也许在电脑前浏览门户、玩微博、聊QQ（一种网络聊天工具）、逛网上商城、打游戏；也许在公交站台等车，玩手机；也许蹲在马桶看电子书；也许赖在床上，跟好友微信；也许跟朋友在逛街的同时，用手机在大众点评网上团购午餐……互联网全球化的浪潮汹涌澎湃，浪花冲击了世界各个角落，网络的发展已经改变了近一半的中国人的生活习惯，大家都习惯于“内事不决问度娘，外事不决问谷歌”，于是以搜索引擎起家的百度，如今的广告收益已经远远超过了央视；大家都习惯了上新浪、搜狐看新闻，于是传统的报业杂志正面临着没落危机；大家都习惯了用腾讯QQ、MSN（一种聊天工具）、微博微信来发状态、写日志、语音视频联系，于是传统的移动、联通开始面临着垄断地位的威胁……Web 2.0（指一个利用微博的平台）时代，传播工具和传播模式注定免不了一番变革！

消费者的时间和注意力也伴随着互联网的冲击开始碎片化，这也催生着广大企业在选择传播工具的时候，也必须采取更加具有针对性、更加碎片化的传播工具。于是，网上商城、微博、博客、SEM、智能手机、App（应用程序）等的兴起，弱化了传统的传播和媒介、销售和渠道的功能，也颠覆了众多传统行业的营销模式。在 Web 2.0 时代，宣传与销售的区别，日趋淡化，不断融合。精准传播、一对一传播，成为可能；而传播的成本变得更低，传播的速度也更快。互联网的这些绝对的优势，让广大企业不得不对网络传播投来橄榄枝。

美国一家媒体传播产业投资公司曾发表报告和预测称在未来新媒体的生态图景必将清晰展现，而推动媒体新生的四大动力为以下四种。

1. 技术创新

互联网技术的不断革新才能带来进一步的使用普及，无线宽带技术的发展才能让消费者继续自由自在、随时随地地收发信息，也使信息的及时互动范围进一步扩大。

2. 受众高度分散

在媒体碎片化时代，由于受众接收的信息繁杂且接触信息的时间短，很可能上一秒记住你的信息，下一秒就被其他更有记忆度的信息替代，因此，受众的忠诚度显得尤其可贵，他们只会奔向吸引他们的内容。因此，争夺受众的注意力成为媒体最需要做的。

3. 不断增加的个人化要求

无论是在新媒体还是旧媒体时期，个性化需求永远存在，而新媒体的兴起渐渐将一对一的服务发展为可能，因此，能够满足个别受众的需求是传播最理想的目标。

4. 更严谨的投资回报要求

广告主对广告公司的要求越来越直接转向媒体，对于传播的效率也越来越严格地需要可直观地看到，而网络媒体的大数据库管理无疑很契合这种需求，同时其传播成本的低廉也是一大可开发优势。

这四大推动力在中国市场上已经紧锣密鼓地展开起来了，新媒体的大潮必将上演一场精彩的竞技！除了企业和传媒正面临着自身传播战略的调整，广大网民在这一浪潮中的角色定位也开始发生了翻天覆地的变化。无论是万科王石捐款事件还是王老吉捐款事件；无论是躲猫猫事件还是郭美美事件；无论是抵制家乐福还是抵制日本货。从经济到政治，从国内到国际，中国网民的影响力已经日趋强大，尤其是在微博、微信成为潮流后，传播信息的速度与广度已经非传统媒体可同日而语。不管围墙有多高，不管封锁多严密，信息总能翻墙而过，广大网民拥有着前所未有的表达权，这种表达权和新媒体技术的出现开始改变着社会舆论的版图，改变着原有的社会结构中政府、企业和消费者之间的关系，广大网民的智慧和力量也在追求真相、探索真理的道路上得到了充分发挥。

从目前的统计数据来看，中国的网民已经超过了5亿，这实在是一个不容忽视的庞大数字，这个数字足以改变着社会舆论的导向，让企业的些许失误无限放大，直到破产。对于当代企业来说，网络传播力着实不可小觑！互联网的诞生和广泛应用让活在当下的企业很幸运，有这么一个可以随时随地运用的“低成本投入”传播武器为其摇旗呐喊，想不“出名”都很难！然而，互联网的频繁危机也让活在当下的企业很不幸，有这么一个肆无忌惮的“大嘴巴”，你有什么不足都有可能被无限放大，想不“出名”也很难！正所谓人要青史留名，要么流芳百世，要么遗臭万年，因此，在网络传播的时代，企业要么巧借东风扬美名，要么任其宰割做炮灰，绝不可抱有鸵鸟心态，一味退缩。所以，在此呼吁广大企业家们，站起来学会整合传播资源，利用网络的高传播性“以小博大”，在网络时代书写浓墨重彩的一笔！

第六章 品牌力

品牌为什么如此有魔力

高中生为了苹果 iPad（平板电脑）卖肾，女白领为了 LV（品牌名）包节衣缩食大半年。虽然你没那么不理智，但是在买电脑时你还是会舍弃方正、神舟等国内厂商，在苹果、戴尔、惠普等国际品牌中作选择；虽然你清楚地知道质量和口感上不相上下，但是你还是在百事可乐和可口可乐、王老吉和加多宝中筛选；虽然你知道送礼的花样繁多，但你还是情不自禁地选择了脑白金。随波逐流的感性终究还是占据着考虑性价比的理性的上风，这就是品牌的魔力，让你心甘情愿地为它掏腰包，让你心甘情愿地为它疯狂！

品牌为什么如此有魔力？如果你将它仅仅归结于广告宣传，那就大失偏颇了，因为练就品牌的魔力实在是一项系统的繁杂工程，如蜘蛛织网般有条不紊，如蜜蜂筑巢般精打细算，它似空气般无处不在，不经意间影响并控制着你的思维方式，主宰着你的生活选择。

1. 建立信任联系

品牌之所以能够在消费者心目中树立形象，良好的信任关系是基础。这种信任首先是源自对产品品质的认可，有品质才能有品牌！失去品质的品牌只能是无根之木，无源之水。没有品质的产品依靠铺天盖地的强力宣传和空口白牙的功效承诺，可能会在短时间内产生“眼球效益”，然而一旦消费者发现上当受骗，其花费巨大成本树立起来的品牌也会轰然倒塌，美名四扬也会瞬间成为臭名昭著！比如因三聚氰胺而倒闭的三鹿奶粉，因毒胶囊而受重创的修正，因二噁烷而受伤的霸王等。有人也会说霸王的品牌受创并不因为其产品品质，这其实就涉及建立信任联系的第二点，巧妙应用公关传播。归真堂的熊胆是真材实料，却最终被消费者诟病，延误了其上市进程，正是其不能正确应对媒体公关上的失策。而加多宝汶川地震的一个亿令自己迅速壮大，享誉全国也正是其能够巧用公关传播。因为消费者相信，一个用行动展现自身社会责任感以及富有爱心文化的企业是值得信赖的，继而也会对其品牌产生信任联系，给予良好定位。因此，企业无论是从产品还是从服务出发，都应该向消费者传递自己可信赖的一面，特别忌讳自说自话、高高在上的态度！

2. 满足差异要求

在生产力日趋繁荣的今天，差异化营销无疑是突围同质化竞争的唯一出路！因为产品的包装、功能、款式、理念千篇一律，长此以往人们便越来越渴望改变，渴望新奇。而人性中最大的利益点莫过于自我满足感，这种满足感来源于自身的与众不同，更来源于商家的私人定制。首先，在品牌林立的市场中，企业想要迅速打造品牌，占领市场份额，差异化定位必不可少，作为生产者你要做的不是满足大多数人的需要，而是缩减再缩减自己的欲望，让自己的产品有针对性地生产出来，根据自己的目标消费者精心设计自己的产品，进而打造自己的形象，传播自己的品牌文化。其次，作为企业家，寻求自己的产品在行业中的创新和突破是让自己独树一帜的手段，也是推动整个行业前进的责任。因此，永远不要随遇而安，而应该精益求精地思考，自己的产品和服务如何更贴合消费者的潜在需求，如何更能提高产品的性能功效等。要说明的是，创新不是哗众取宠地包装变革，更不是毫无内涵地叫嚣洗脑，随着市场竞争的激烈和消费者认知水平的提高，创新成为一项务实的工作，需要以实事求是、体贴细腻的心思去琢磨！

3. 煽动情感认同

哈根达斯卖的不是冰激凌，而是恋人的浓情爱意；可口可乐卖的不是碳酸饮料，而是年轻人的时尚活力；星巴克卖的不是咖啡蛋糕，而是小资们的生活情调。它们传递的不再是自己的产品，而是企业的情感理念，是一遍遍获得大众认同并追捧的情感理念。产品不过是这种情感理念的载体，却达到了同行业其他品类数倍的销售业绩！这就是打造品牌的最高手段——煽动情感认同！纵观成功的品牌，特别是大品牌，无一不是包含着必不可少的价值观念。当一个品牌扩张它的境界，登陆不同领域的时候，很难有一个具象的定位可以整合它的品牌印象，唯在更高的精神层面去寻找这个定位。这时候，只有品牌本身的理想或价值观可以囊括它的形象，如迪奥、香奈儿、路易威登、雅诗兰黛等奢侈品牌能够在异国他乡生根发芽，茁壮成长的经典例子，它们或改变着人们的思想，或教导着人们的生活方式。总之，它们从最根本处打动着消费者的心，为消费者描绘着美好的意境，煽动着消费者在其营造的精神世界里流连忘返，引领着他们从内心里发出共鸣与追随！

4. 形成膝跳反应

通过不断的心理暗示，一种理念和消费行为必然会成为人们的本能反应。正如当年的脑白金广告语，尽管恶俗到大街小巷，连黄口小儿都倒背如流，却在年节期间左右了大部分消费者的消费行为选择。大家不约而同、本能反应地买上几盒脑白金，送爸妈、送亲友、送长辈……尽管理智中的人们知道，送礼不一定要送脑白金，然而品牌的魔力就在于此，让你不能自已，在不知不觉中被熏染！

初中生物课中都会有一个很有趣的人体小实验，坐在凳子上跷起二郎腿，握起拳头轻敲膝盖，尽管你放松地想着别的事情，小腿还是会不由自主地踢起来，这就是条件反射中的膝跳反应。品牌的魔力也同于此，它了解你的本能，所以不断地锤动你的心，直到你的内心弹跳开来！比如提起凉茶你会想起王老吉，提起家居你会想起宜家，提起巧克力你会想到德芙，提到网上联系你会想到腾讯 QQ，等等。尽管理智的你知道这样的品牌并不等于这个行业品类，却除了它不会去考虑别的选择。因为这样的品牌通过或硬或软的传播方式，占据着你生活的方方面面，渐渐地、默默地麻痹着你的神经，让你形成了可怕的条件反射！

老板不可复制，品牌可以传承

改革开放让一大批民企如雨后春笋般遍地开花，然而 30 年后的今天，这些民营企业不约而同地走到了企业接力的关键期。企业的传承问题，已经成为未来中国民营经济能否健康发展的重大命题。面对民企生命的成长与延续，他们如何完成中国式传承？实业困境，二代和父辈们将如何共同面对？

1. 老板不可复制

受传统家本位思想和家族伦理道德的影响，子承父业成为目前我国民营企业选择接班人的首选做法，然而这一做法却存在太多的漏洞：首先，继承人不具备相应的职业能力、难以掌控元老级员工、与手足间所有权和经营权等分配问题难免引发矛盾纠纷等，这些问题都破坏着企业的向心力和凝聚力，影响着企业的正常运转。其次，因为代沟而存在经营理念、处事方式、心理认知、价值追求等诸多方面的较大差异，接班人在推行新战略的过程中往往面临着更大的压力，束手束脚，没有威望。并且，尽管创业者多年经营下了诸多人脉，然而接班人和企业外部利益相关者的信任度还是需要通过长时间的通力合作才能重新赢得。

国外的职业经理人制度尽管成为一种新方式而被国内民企尝试，却仍然受我国私有产权的法律保护制度尚不健全的影响，任用职业经理人普遍存在能力难以预见、商业机密泄露、财务资本流失等风险。综上所述，由于种种矛盾的存在，无怪乎连曹操这样的枭雄都大叹："生子当如孙仲谋。"然而，如孙仲谋的二代何其少？在深受西方自我实现思想的价值观灌输下，愿意接受祖辈创下江山的二代更是少之又少。一切的一切不过是缘于创业老板的才能具有不可复制性和不可替代性的客观事实！

的确，成功老板是不可复制的，他们拥有着驾驭企业员工的管理能力、对风险投资的敏感度和判断力、关键时刻的抗压能力、敏锐的战略眼光和执行力等。这种才能的获得与创业者所处的时代背景、创业者本身具有的胆识和魄力以及其艰苦的创业经历密切相关，并且它的直接载体就是企业家的生命体，这种企业家精神很难通过后天的学习或是培训来完全获得，后天的学习和历练只能有助于挖掘人的部分潜力，创业者却很难完全有效地将这部分才能传递给继任者。

2. 品牌可以传承

古语"富不过三代"仿佛咒语一般萦绕在中国民营企业家的心中，无奈却不得不抗争。我们不禁迷惑：纵观世界500强，家族企业占据了37%的份额，沃尔玛、福特、洛克菲勒、宝马、索尼、丰田、三星、现代等，每一个名字都举足轻重，为什么我们就不行？国外的家族企业能够传承，继承人的能力是一方面，更重要的是他们已经形成了品牌，已经举足轻重。老板固然不可复制，品牌却可以传承！这也是同仁堂、老凤祥、张裕等中国老字号得以不受战火影响，代代传承的根源。因为品牌不仅仅是一个名号，更是企业符号、历史、文化、声誉、属性、使用者的消费体验以及传播方式留下的心理认知等精神层面的综合体，这种口碑效应可以代代相传，所以如果民营企业家想让自己的企业得以基业常青的话，那么打造品牌则应该是其一代人甚至是几代人为之奋斗的追求。

老板寿命、企业技术、管理制度、产品品质走到一定程度都会达到顶峰、走到尽头，而品牌的尽头则是没有范围。所以尽管索尼在日本畅销，到中国等其他国家依然被认可；所以尽管奔驰来自美国，却依然不影响中国消费者的热情；所以尽管希尔顿是酒店业的翘楚，却依然百年后助益他的后代子孙在香水、服装、手表、酒类等领域的延展；所以尽管我们知道宝马、三星的生产企业就建在中国，依然不影响我们把它们作为购买的首选……因为，品牌不受时间、空间的限制，它传递的是值得信赖、值得追捧的价值理念！

我们相信，任何一个成功的创业家都必定是命运的英雄，而任何一个英雄都不会愿意看到自己的毕生心血短命而亡，因此，无论是为了自己的企业能够基业常青还是为了子孙拓展业务和理想有足够宽广有力的平台，我们都应该树立信心，打造出自己企业的独特品牌。

品牌战略：企业战略的核心

可以说企业的一切战略运营过程都在于打造和维护企业的品牌，企业对于品牌战略的高效实施，是加强提升企业在经济市场中的自我定位，是企业参与竞争的无形资本。对于企业来说，品牌的核心是一种精神，一种表达企业的精神，是一种可以长久传承的文化。世界上的大型企业，无不是围绕这个来做企业的品牌，如 IBM、惠普、可口可乐、肯德基等，这些国际上的巨头级的企业建设无不是围绕着企业品牌战略来进行的，因为这会使得企业的整体建设有一个很好的引导，坚持正确的发展方向。我国的一些企业，特别是一些中小型企业，还没有形成一个完整的企业品牌战略，这大大减弱了国内企业的发展势头。因此，我国的一些企业应把品牌战略放在建设企业的重要地位，消费者才会对企业有一个鲜明而良好的联想，进而促进企业的健康良性发展。

通过品牌战略，消费者更加深入地了解企业的产品。从而企业需要了解如何制定出完善性更高的品牌战略。企业对于品牌战略的制定，需要把握住其制定的要点。

在明确本土品牌树立过程中所存在的误区以及品牌内涵的基础上，我们可以对企业树立名牌战略提出一个比较具体的实施战略步骤。

1. 增强企业的使命感，从战略角度思考品牌

企业使命既是企业的行动纲领，也是产品品牌定位和个性形成的基础，它决定了品牌的方向、个性风格和价值取向。因此企业的使命应当更强调对社会、对人类发展的诉求，将企业经营活动致力于社会和环境的变化，在不以牺牲未来和社会利益的前提条件下，满足现在的需求，以确保企业经营的持久有效；遵从细致、诚实、公平和尊重的行为规范，积极参与所在区域、国家和国际社区的活动；热情高涨地开展环保、人权保护和反对用动物试验的活动；努力工作缩小现实和理论之间的差距，同时使我们的生活充满激情、欢乐和关怀。这才是现代品牌的真正内涵。同时在确立了企业的使命之后，就要积极探索从战略的高度思考品牌的企业文化、战略制定、战略执行、满意的结果、核心价值观、能取得竞争优势的战略、聚焦战略的管理体系、股东满意、客户满意、高效的流程、员工满意等问题。战略决定着企业，企业又影响着品牌。品牌管理人员既要熟悉单一产品品牌的运作，还要了解企业的战略制定，学会用战略的眼光来管理企业的品牌。以往失败的品牌告诉我们，如果一个企业的战略有问题，那么它的企业或产品品牌形象宣传做得再好，还是无济于事。从中国最早导入统一品牌形象策略的太阳神企业到“标王”爱多都说明了这样的问题。

2. 在明确的企业使命感前提下，清晰企业的品牌定位

具体操作可以分为三个步骤：

（1）分析行业环境，确立企业区隔

不了解行业环境，没有品牌区隔，你就不可能清楚你的品牌定位。因此从分析市场上的竞争者开始，弄清他们在消费者心中的大概位置，以及他们的优势和弱点，这也就是说建立品牌的区隔。同时考虑市场上正在发

生的情况，以判断推出区隔概念的时机是否合适。这也就像是冲浪，太早或太迟，你都可能身葬大海。把握住最佳时机，你才有可能得到一个好的区隔。

（2）寻找区隔概念

分析行业环境之后，你要寻找一个概念，使自己与竞争者区别开来。这个概念很可能就是你的品牌的诉求点。

（3）找到支持点

有了区隔概念，你还要找到支持点，让它真实可信。任何一个区隔概念，都必须有据可依。比如一辆“宽轮距”的庞帝克，轮距就应该比其他汽车更宽；英国航空作为“世界上最受欢迎的航空公司”，乘客自然要比其他航空公司为多；可口可乐说自己是“正宗的可乐”，是因为它就是可乐的发明者；当你声称“赫兹非寻常”时，你就得提供一些别人所没有的服务。区隔不是空中楼阁，消费者需要你证明给他看，你必须能支撑起自己的概念。

而当企业的品牌定位确立之后，就必须坚持一贯的原则。即企业的一切广告与营销传播活动都将以此为原点进行演绎。

3. 将企业寻求到的区隔概念及其支持点，通过品牌传播策略植入消费者的心智

并不是说有了区隔概念，就可以等着顾客上门，企业最终还是要靠传播才能将概念植入消费者心智，并在应用中建立起自己的定位。企业要在每一方面的传播活动中，都尽力体现出区隔的概念。因此，在进行品牌的传播策略的时候，首先就必须进行品牌识别规划，使营销传播活动具有可操作性。

提炼个性鲜明、高度差异并对消费者极具感染力的品牌核心价值，意味着战略品牌管理迈出了成功的第一步。但光有品牌核心价值，过于抽象和模棱两可，无法规范企业的营销传播活动。再说一个品牌被消费者认同，也不可能仅仅依靠核心价值，还要有企业理念、技术形象、产品特点、品牌气质、亲和力等丰满的品牌联想。因此，完成品牌核心价值提炼后，重要的工作就是规划以品牌核心价值为中心的品牌识别。品牌识别体现品牌战略管理者期望要发展的品牌联想及品牌代表的方向，界定了品牌要如何进行调整与提升，使企业的营销传播活动具有可操作性。

同时要与消费者进行深度地沟通——把核心价值刻在消费者的心灵深处。以前中国市场的竞争停留在靠广告为主来演绎核心价值，由于广告无法给予消费者真实体验核心价值的机会，所以消费者对核心价值记忆不深或缺少内心的由衷认同。但随着竞争的加剧，能否把个性鲜明的核心价值刻在消费者内心深处是胜败的关键。无数成功案例表明，要让消费者记住核心价值并认同，必须通过深度沟通让消费者真切地感受品牌的核心价值。比如巡回展演、形象店、社区服务、参与政府公益工程等，让消费者真正感受到品牌的价值，认同并忠诚于品牌。

4. 积极寻求传播的配套措施，通过品牌战略强化品牌诉求

著名品牌的"长盛不衰"都是和企业的产品开发、技术创新、分销渠道等一系列营销战略联系在一起的，没有战略的支持也就没有品牌长久的动力和资源。一个品牌的持续和延伸，依赖决策者对企业各项资源整合与协调管理，而不是技术性的广告和促销，这对我们将品牌管理等同于广告管理的认识是一个根本性的转变。

一方面要加快产品的创新，以产品的发展带动品牌不断丰富化。产品不同于品牌，产品重销售，品牌重传播。但产品与品牌又是相辅相成的。产品的创新升级、市场份额的扩大，产品知名度、美誉度的提高，将有助于品牌形象的提升。产品缺乏创新会殃及品牌，品牌形象老化会影响产品销售。在目前市场竞争日益激烈，消费者的需要不断地变化和提高的形势下，如果你的产品与品牌不能与时俱进，不能时时向消费者提醒你的存在、你的创新，消费者对品牌的信赖就会越来越弱，甚至连最初的品牌知

名度也变得一文不值。

另一方面强化企业经营战略中的品牌核心价值理念，让经营活动中每一分钱都为品牌做加法。企业不折不扣地在任何一次营销活动都体现出核心价值，即从原料采购、产品研发、包装设计、各种广告、促销、新闻炒作、软文宣传、通路策略、终端生动化到售后服务甚至每一次与外界沟通的机会。这就意味着每一分的营销费用都在为品牌做加法。企业要积极寻求以核心价值为灵魂统率企业的一切营销传播活动，从而避免造成品牌资产的严重浪费现象。比如有些企业在传播中以豪华、富贵、成功等场景来塑造品牌形象，但包装十分低劣粗糙，价格低廉，这就成了画虎不成反类犬。这就是品牌核心价值与价格、包装等营销活动的合理匹配。

5. 进行严格的品牌管理

企业在确立起品牌之后，还必须建立严格的品牌管理制度，从而保证品牌发展的可持续性。一方面要设置专门的品牌经理。品牌经理要对企业品牌的管理承担一切责任。对于自己所负责的品牌，品牌经理必须比公司里任何人都要了解，要做到不断接受别人对他们这方面知识的挑战。同时对品牌经理的考核评估要极其严格，坚持“不成功，便成仁”的理念制度。

另一方面企业也要进行理性的品牌延伸扩张，充分利用品牌资源获取更大的利润。创建强势大品牌的最终目的是持续获取较好的销售与利润。由于无形资产的重复利用是不用成本的，只要有科学的态度与高超的智慧来规划品牌延伸战略，就能通过理性的品牌延伸与扩张充分利用品牌资源这一无形资产，实现企业的跨越式发展。因此，品牌战略管理的重要内容之一就是对品牌延伸的下述各个环节进行科学和前瞻性地规划：①提炼具有包容力的品牌核心价值，预埋品牌延伸的管线；②抓住时机进行品牌延伸扩张；③有效回避品牌延伸的风险；④延伸产品如何强化品牌的核心价值与主要联想并提升品牌资产；⑤品牌延伸中如何成功推广新产品。

同时还要科学地管理各项品牌资产，累积丰厚的品牌资产。透彻理解品牌资产各项指标如知名度、品质认可度、品牌联想、溢价能力、品牌忠诚度的内涵及相互之间的关系。在此基础上，结合企业的实际，制定品牌建设所要达到的品牌资产目标，使企业的品牌创建工作有一个明确的方向，做到有的放矢并减少不必要的浪费。同时，不断检核品牌资产提升目标的完成情况，调整下一步的品牌资产建设目标与策略。

提炼品牌核心价值的十大法则

品牌核心价值是一个品牌最重要的资产，它是消费者对品牌属性和利益的一组最重要的联想，概括了品牌3～5个最重要的特征，通常它是消费者一提到某品牌首先想到的该品牌专属的品牌特性，如提到云南白药，人们首先想到的是“治疗跌打损伤”；提到沃尔沃，首先想到的则是“安全”。核心价值是驱动消费者喜爱一个品牌的最主要力量，因此，企业所有品牌营销活动均要围绕核心价值展开。然而品牌核心价值如何提炼呢？

1. 从产品生产的技术工艺角度入手

从产品技术入手，往往是竞争对手最难以模仿及跟进的，可以有效地建立品牌区隔，快速达到统一消费者认知的效果。如饮用水市场的乐百氏，和取自天然的农夫山泉、富含矿物质的天然矿泉水相比，乐百氏属于工业净化的纯净水，因此纯净工艺是它的品牌核心优势，而乐百氏的成功相当程度上也得益于其27层净化的生产技术。

2. 从产品利益、功效、感觉入手

从产品利益、功效、感觉入手是最能直接打动消费者的诉求方法，尤其是医药保健品，其主要的诉求就是产品的功效。这也是目前国内企业用得最多的方式之一。如大名鼎鼎的登山装备面料——防水透气面料，杜邦

“特卫强”抗菌防螨面料等。又如滇虹药业的康王骨痛灵酊，专治“酸痛、肿痛、僵痛”各种骨痛。

3. 从产品“概念创新”入手

此法则是指当本产品在自己应属的某一类别中难以打开市场时，利用广告宣传使产品概念“跳出”这一类别，借以在市场竞争中占有新的位置。此方式最为经典的案例无疑是“七喜”的“非可乐”定位，一举打破碳酸类饮料可口可乐与百事可乐两极对抗的格局，成功跃升为碳酸类饮料第三大品牌。

4. 从产品销售渠道创新入手

根据麦肯锡的分析，在 11 家公司中，如果有一家成功地进行了通路创新，那么就会有 10 家公司或是行动迟缓，或是无法取得突破性进展。新兴的销售渠道往往会带来全新的顾客期望值，并且会影响到成本，甚至可节省 10% ~15% 的成本，从而创造成本优势。如西安杨森的采乐去屑洗发水采用传统的 OTC（场外交易市场）固定渠道进行销售、劲酒开发餐饮渠道等，都为自己的品牌在各自的市场上占到了一席之地。

5. 从价格、服务因素入手

在产品同质化日益严重的今天，售后服务作为销售的一部分已经成为众厂家和商家争夺消费者的重要领地，良好的售后服务是下一次销售前最好的促销，是提升消费者满意度和忠诚度的主要方式，是树立企业口碑和传播企业形象的重要途径。通过产品售前售后服务提升品牌知名度，提炼品牌核心价值的案例无疑是枚不胜举的。如为人熟知的海尔集团，10 年来，已经展开了 10 次服务升级，每次升级和创新都走在了同行业的前列。售后问题抓得快、抓得狠，问题一旦出现，就在最短时间内解决，不惜代价。这种做法虽然成本较高，但问题的实质把握得准，对后续销售的负面影响不大。

6. 从目标市场特点入手

针对目标市场的消费者内心需求，从而提炼出与之契合的品牌的核心价值观，可以大大增加品牌黏性。如针对 18～35 岁的年轻时尚一族的娃哈哈“激活”，从他们勇于激发潜能，展示独特一面的个性出发，精准的目标群体定位提炼出“激扬青春，活力再现”的品牌核心价值，稳坐功能性饮料第二把交椅。

7. 从特定使用场所、消费环境特征、现场感受角度入手

此法则切入点多为抽象感觉元素，运用难度相对有点大，然而一旦成功，往往能够令人拍案叫绝，难以复制。如农夫果园，彻底扬弃所谓的形象代言人，而以一个动作作为其独特的品牌识别——“摇一摇”，以消费者现场感受的动作“摇”加强产品与人的互动性，也使得宣传诉求与同类果汁产品迥然不同，以其独有的趣味性、娱乐性增添消费者的记忆度。在理性认同上，“摇”这一动作也暗示了果汁中有“货”，这是基于农夫果园的产品特性：第一，浓度高；第二，含有丰富的果肉纤维。这样立足于理性的品牌核心价值，不得不让人拍案叫绝！

8. 从“恐吓”心理角度入手

所谓“恐吓”就是以产品疗效（功能、用途）为基础，详尽分析并列举与之相联系（这种联系包括直接的和间接的）各种症状（体征），深入分析、阐述各种症状的严重后果，强调当前不立即采取措施，症状将日益严重，直到引发不可估计的后果（通常是瘫痪、死亡等），给自己或家人带来无尽的痛苦。在生活水平日益提高的大前提下，健康无疑是现在消费者最为关心的话题。而以“恐吓”模式成功的案例也数不胜数，特别是保健品营销行业更是如此。当然以此为切入点还包括一些特殊日化用品品

牌，如宝洁“舒肤佳”，海尔科化的“杀菌洗衣球”——别让你家的洗衣机成为病菌交换站等。

9. 从借助时事、潮流的角度入手

此法则主要适用于社会重大事件，包括政治的、体育的、文卫的、社会的、经济的等，都是企业可以利用的机会。结合时事、潮流找出品牌核心价值的关联点，从而借势而上，打造品牌力。如当年的王老吉，借助汶川地震的时事热点，提炼出其品牌的民族责任感、慈善的核心价值，从而一举成名。

10. 以产品造型、大小、颜色、味道、包装等特色入手

产品的造型、大小等外观可以很好地提高品牌识别度，从而体现品牌的独特内涵。如农夫山泉以产品独特口味作为品牌核心价值，不仅传递了良好的产品品质信息，还体现了农夫山泉的差异化宣传策略。“有点甜”在今天已经成为农夫山泉天然水品牌的传播标志，在消费者心目中树立起农夫山泉作为高档次、高品质、高品位的“健康水”的品牌形象。如白加黑，从药品颜色入手，用黑白两色制作包装外盒，并在颜色相应的位置分别清楚地写着：白天服白片，不瞌睡；晚上服黑片，睡得香。给人很强的视觉冲击，在一目了然的同时也与其他竞品很好地区隔开来。再如可采，包装主色调为蓝色，清新、典雅，以名贵中药植物为表现画面，集人参、黄芪、当归等26种植物于一体，留给消费者纯粹的保健品印象，明显区别于其他化妆品。

以上法则可以进行组合运用，如产品原料既可以从原材料角度进行解读，也可以从产地角度进行解读，一个企业产品品牌力的提升必须是综合了多项因素之后的结果，单纯地依靠一点而期望对品牌力产生较大的提升无疑是不切实际的。

打造品牌差异化的六步战略

《老子》曰："我有三宝，持而保之，一曰慈，二曰俭，三曰不敢为天下先。"为何不敢为天下先？因为有不可预期的风险！然而在商场上，不敢为先的思想只会让企业错失第一时间占领消费者心智的良机，在抄袭领先品牌的亦步亦趋中丧失自身品牌的个性，无法冲破品牌识别的桎梏，沦为了别人争夺市场份额的炮灰。从某种意义上来讲，敢为天下先是一种勇于创新的开拓精神，它注定要求企业采用与众不同、独树一帜的差异化营销方式，而打造品牌的差异化则是差异化营销的核心目标！

1. 产品差异化

一般情况下，我们考虑品牌差异化的战略就是产品差异化，它主要分为垂直差异和水平差异，垂直差异是指比竞争对手更好的产品，水平差异是与竞争对手不同的产品。而在现实生活中，通过垂直差异化和水平差异化两种手段交替使用而成功地推出自己的品牌的例子不胜枚举，比如宝洁公司，巧妙地运用了产品差异化，设计了六个品牌各自的个性化定位，从而实现了现有六个洗发水品牌的骄人战绩。在效仿一些知名企业实施产品差异化的同时，我们必须小心两个误区：首先，尽量避免在概念上创造产品差异化。最典型的例子就是保健品领域，通过各种概念战，过度功效承诺，结果适得其反，逐渐降低了消费者的信任度，也让企业在概念中培养了惰性，逐渐丧失了开发研制新品的创新力。其次，不要不计成本地力求产品差异。对于一些中小规模的企业而言，像宝洁那样不断研发和树立多种品牌，战线拉得过长过宽，最终只会导致资金链的断裂。高级研发能力和雄厚的经济实力是相匹配的，因为研发创新产品而提高生产成本和产品价格，反而会失去原有的消费者。

2. 服务差异化

目前的中国市场正处于同质化竞争激烈的形势下，产品的品质、做工、成本都相差无几，能够尽快找到差异的方面便是服务了。尤其在消费者信任感尚未完全建立起来的时候，认真负责的服务态度和模式无疑能够尽快吸引消费者并形成品牌黏性。在通过服务差异化这个策略而赢得品牌竞争力的企业中最有说服力的莫过于海尔集团了，从当年的张瑞敏公开砸毁不合格产品到现在海尔提出自己的“星级服务的标准”，即：一个结果——交付完美的服务；两个理念——带走顾客的烦恼，留下海尔的真诚；三个指标——服务投诉率、服务遗漏率、服务不满意率小于十万分之一；四个要求——顾客所提到的所有问题都必须在数据库里记录下来、顾客提出的所有问题都必须处理、所有处理的结果都必须复查、所有处理的结果都必须通知到公司的所有相关部门。海尔在一一严格贯彻这些标准中树立了可信赖的品牌形象。可以说在家电市场海尔开创了自己的营销模式，在服务差异化的基础上建立了自己的独特优势。

3. 人群细分差异化

细分消费人群几乎是所有品牌甚至是大品牌所使用的最常规的差异化方法，也就是将消费者基本特征以及行为特征进行横向、纵向的细分市场定位。我们可以根据消费者的年龄、性别、收入以及区域行为、个性消费行为等来进行划分分组，进而找出尚有潜在需求的目标人群，有针对地制订营销方案。如奇瑞就是利用了这一点，使得奇瑞汽车从针对女性消费者，推出小巧玲珑且性价比高的奇瑞 QQ 系列，实现了从 2001 年到 2006 年的 200 亿元销售额。如今，奇瑞成了自主创新的代名词，很多年轻人，尤其是年轻女性，提到汽车就会想到奇瑞 QQ。

4. 传播方式差异化

随着科技的发展，传播媒体也在发生着不断更新变化，尤其在信息技术高度发展的今年，传统媒体和新媒体共同发展，相映成趣，催生了大批经典营销案例。如2008年首批利用网络进行造势的王老吉，作为网络营销成功的典范。再如2012年兴起的微博营销，让杜蕾斯、碧浪姐等一大批企业在几乎零成本的宣传下，百尺竿头，更进一步。再如2013年的白云山复方丹参片，利用微电影营销的方式成功获得行业“十大经典营销案例”。可以肯定的是，企业要想打造品牌差异化，急需紧跟时代潮流，把握消费者经常使用的大众媒体，通过积极开拓独特性强、互动性强、软传播的营销方式，方能编织出一张与消费者密不可分的网。

5. 渠道选择差异化

不可否认，目前市场上同质化产品的竞争已经趋于白热化阶段了，产品间的差距并不是很明显的时候，如何树立自己品牌的差异化形象？在渠道上嫁接不同的行业和市场未必不是一条出路，比如劲酒。在保健酒市场，椰岛鹿龟酒等各类品牌已经占据了保健酒市场并竞争激烈，几乎没有切入的可能了。然而劲酒却选择了另两个渠道——餐饮和快消，终于在尚未引起其他商家注意的市场上燃起了燎原星火。再比如当年的可采眼贴膜，如果进入化妆品柜台很显然要埋没于国内外大品牌的商海中，而利用其中药精华的特色从药店入手，既增强了其药妆的专业性，又大大降低了上市成本，短短两年内获得两个亿的成绩，可以说是在渠道差异化上的一次成功尝试。

6. 品牌形象差异化

在这几种打造品牌差异化的战略中，品牌形象差异化是重心所在。品牌形象差异化是以知识为基础建立的，这就决定了它可以比有赖于科技的产品差异化更具有个性化。并且由于现实的消费市场存在着信息不对称现象，品牌形象差异化可以最大限度地降低“信息不对称”程度，赢得消费者的信赖，最终增强品牌的竞争力。很多国际品牌正是充分地利用了品牌形象差异化而消除了消费者方面的信息缺失，比如一提到“耐克”，大家就会想到它的不同于其他运动鞋的各种信息，如它的优良品质，它的独特款式等，总之它就是“品牌”的代言词。

打造品牌形象差异化时还需要注意广告与公关、品牌的命名、定位、包装设计等方面的重要性。由于品牌形象差异化具有一定的“形而上”性质，所以它可以避免科技化带来的同质化，而转向知识力的竞争，“知识力是至为关键的变量，这与产品、价格、通路的函数方程不同。知识力低的企业更多的是模仿，品牌形象提升也难，唯有高知识力的企业可能在差异化、形象化方面做出实质性突破”。而品牌形象差异化一旦形成，就会确立一种消费观念、消费行为模式。

品牌识别，差异化形象之魂

前面说过，打造品牌差异化中品牌形象差异化是重心工作，而打造差异化的品牌形象中，品牌识别则是其灵魂。品牌识别系统是品牌形象的表现形式和品牌差异化的基本特征，它指导人们清楚地认识产品，联系消费行为，影响消费者作出评判。它总体上要求清晰、独特和丰富的识别要素，如“香奈儿”就是“高尚品位”的化身。企业要牢记，凝聚产品个性的品牌识别系统是企业自身宝贵的知识产权，因此个性鲜明的品牌识别系统建立之后，企业同样需要在日常行为中加以注意和保护，并在法律上进行确认，从而保证品牌的排他性，当品牌受到伤害时能得到相应的品牌保护。

品牌识别系统包含了品牌识别的很多层面，成功的品牌识别系统可以是一个标准字形（如联想的标准字）、一种颜色组合（如百事可乐的蓝色和白色）、一个独特标志（如耐克的标志）、一种特有声音（如雅倩的A—H）、一句广告语（雀巢咖啡的味道好极了）等，更可以是其中多项因子的组合。因此，构建清晰的、个性鲜明的品牌识别系统需要长期的沉淀和累积，企业一般应采取以下三个步骤。

1. 品牌的理念识别系统

品牌的理念识别就是指品牌的核心价值，它是一个品牌独一无二且最有价值的地方，是消费者对品牌认知的基础，凝聚着消费者对于品牌的信任和认可，是由品牌知名度、品牌美誉度、品牌忠诚度等品牌无形资产不断沉淀累积而成的。品牌理念作为品牌无形资产是品牌价值的重要组成部分，从某种程度上来讲，品牌无形资产所体现出的价值甚至大于企业的有形资产。品牌理念识别分为三大系统，如表 1 所示。

表 1　　品牌理念识别系统

子系统	解说	举例
理性价值（品牌利益）	着眼于功能性利益或者相关的产品属性	飘柔：让头发飘逸柔顺
感性价值（品牌关系）	着眼于顾客在购买和使用的过程中产生的某种感觉，这种感觉为消费者拥有和使用品牌赋予了更深的意味和营造了密切的关系	怀旧关系：这个品牌让我想起生命中某个特别的阶段，例如首乌洗发业的怀旧气氛营造
象征性价值（品牌个性）	品牌成为顾客表达个人主张或宣泄的方式	万宝路香烟：粗犷豪迈；哈雷（机车）无拘无束

2. 品牌行为识别系统

品牌理念识别是对品牌价值的寻求与挖掘；品牌行为识别则是对品牌价值的“制造”过程，它提供所承诺的品牌价值。它包括：产品行为识别和企业行为识别。产品行为识别：品牌要通过产品这一载体来体现品牌理念识别，消费者首先接触的也同样是产品，购买的基础也是产品。企业行为识别：企业是品牌的主宰者，企业行为的好与坏，以及消费者和大众对其态度，直接影响到对品牌的认知。例如对于宝洁来说，其品牌不论具体是什么，只要是宝洁二字出现，其竞争对手必然会重视，消费者必然会信任。这就是企业对于品牌的支撑。即使竞争对手的产品或品牌超过了企业，企业识别系统的作用仍然出现。如今微软和英特尔在某种程度上已经超过了 IBM。但正如比尔·盖茨所说，IBM 才是真正的帝国。

3. 品牌符号识别系统

品牌通过特定的符号，不断制造出较为超前的消费意识形态，冲击人们原有的消费神经，并说服人们赞同它的文化行为进而产生消费行为。这些品牌符号成了消费最先发生联系，影响消费者作出评判的第一依据。品牌符号识别是品牌内涵的载体，是品牌内涵通过具体形象进行阐述的物化形式，是品牌被直接认知的物质化的表现，它主要分为如下子系统（见表 2）。

表 2　品牌符号识别的子系统

子系统	说明
商标	商标能够将品牌的价值理念用艺术的方式传递给顾客，进而影响到品牌形象的形成
象征物	常常用隐喻的方式传达品牌的识别和个性情感，例如万宝路的象征物就是“男子汉气概”
代言人	代言人的作用在现在社会已经一遍又一遍展现开来，只不过对于代言人的选择要注意其不良行为可能对企业带来的损失
听、视觉符号	通过听觉刺激来传达品牌的方式，这主要通过广告和活动来实现
品牌名称	一个好的名字无疑是一笔巨大的资产，美孚石油曾动用 7000 多人、耗资 1 亿美元给自己取了一个满意的新名字
标识语	标识语的主要表现形式就是广告语，它既能提供品牌识别，又能够提供更多的信息和额外的联想

4. 品牌个性识别系统

品牌形象的建立，不是说简单的设计个标志、做个包装或者说找位名人作形象代言人就可以成就自己独特的品牌性格。个性鲜明的品牌识别系统必须具备如下特征：第一是简单独特性，即品牌的这一种识别方法或者识别标志是此品牌所独一无二的鲜明特征，简洁、凝练、准确，最终在视觉或听觉方面，让消费者能有明确的概念区别，使其在众多的同类品牌之中一眼即被看出。第二是持续恒定性，品牌的形象并非是一朝一夕就能建立起来的，而需要品牌效应长久的累积，是一种持之以恒的渗透力、影响力。第三是联想感知性，这种品牌形象能够在消费者心智中留有一块属于品牌的空间，使消费者在接触到这种品牌之后，能够联想起由此种品牌带来的心理归属满足感。

总之，个性鲜明的品牌识别系统是企业制造市场区隔的利器，希望借此创造和保持领先的品牌形象，并能引起人们对品牌美好忠诚及美誉度的联想，创造品牌价值。清晰的品牌识别系统使得消费者在做出购买行为之时，首先在心理方面就能够得到品质和信任的保证，促进了品牌忠诚度的进一步加强。

正确评估品牌代言人的价值与风险

品牌最重要的本质在于它需要建立企业或产品与消费者之间的关系，而选择品牌代言人则可以很好地将代言人的公众影响力转化为品牌与消费者之间的联系，这也是品牌代言人的价值所在。然而，正所谓："水可载舟，亦可覆舟"。将企业的品牌系于代言人身上，固然可以快速催化企业的品牌知名度，但也和代言人客观上形成了"一荣俱荣、一损俱损"的联系，当代言人的名誉、生命等出现意外时，品牌也必将"城门失火，殃及池鱼"，无辜承担了代言人的风险。此外，如果品牌和代言人的气质匹配度不高，那么广告不但无法形成良好的社会效应，更会让企业"赔了夫人又折兵"。因此，代言有风险，选择需谨慎！

1. 评估代言人的价值

（1）代言人气质是否符合品牌个性

总体来说，代言人的经济性和社会性影响是否可以如企业所想的那样部分转移到产品或服务品牌上，关键是看二者是否具有良好的结合点，即代言人和品牌的气质匹配度。只有气质匹配度良好，才能实现二者的平衡，达到互补。因此，品牌选择广告代言人首先要考虑代言人的形象个性是否与品牌个性相近。

（2）代言人形象是否被消费者接受

品牌建设的经验告诉我们，广告是塑造品牌形象重要的法宝，它向消费者提供了购买的理由，传递了品牌的文化内涵，是鲜明而强烈的说服手段，对消费者的影响也是极其强大的。而品牌代言人的经济和社会属性实际上都是由消费者赋予的，即消费者决定了品牌代言人价值构成中的经济性因素和社会性因素。因此，选择品牌代言人的价值，并不是由其知名度和个人成就决定的，而是决定于目标消费者们对品牌代言人的个性形象的接受程度，这样才能最大限度地让消费者通过代言人对品牌“爱屋及乌”。

（3）代言人的人气是否处于上升状态

选择品牌代言人未必需要最当红的，而是一定是处于上升状态的明星。这就好比在古董市场上用犀利的眼光辨别真伪，估算其升值空间。选择品牌代言人中的“潜力股”，就意味着以最低的成本赚取最大的收益。超能洗衣粉在孙俪尚未大红的时候选择其作为形象代言人，可能是出于其品牌天然清新的个性与孙俪脱俗的气质相符合，然而当孙俪的《甄嬛传》红遍国际的时候，超能显然于“无心插柳”中搭上了品牌“顺风车”。

2. 评估代言人的风险

（1）代言人的心态品质是否稳定良好

对于普通人来说人品是其立身处世的根本，是换取别人信任的基础，而对于代言人来说，人品更是其能否长久得到社会认可的关键。在当今浮躁的社会风气下，有些明星也会存在着投机取巧的不良心态，或者想依靠绯闻提升人气，或者想依靠潜规则迅速上位，或者想隐瞒整容、结婚、年龄等事实以维持人气，甚至通过非法手段如吸毒以保持身材，抑或代言人有着赌博、嫖娼等不良嗜好等，这些心态品质上的瑕疵都无疑为其事业以及品牌埋下了地雷，一旦事发，其所代言的品牌也必将遭受到极大的风暴。

（2）代言人的行为举止是否褒贬不一

从心理因素上讲，人们对明星能够爱屋及乌，就也可能会恨屋及乌。很多明星存在着比较犀利的个性，这种个性可能会受到部分人的狂热追捧，自然也可能受到不少质疑、诟病。因此，即使明星代言人的形象个性与品牌个性相近，仍然容易造成喜欢该明星的消费者有可能会买，不喜欢该明星的消费者极有可能不会买。

（3）代言人的变质可能性是否很大

明星丑闻、明星贬值等“变质”事件给企业造成的损失是巨大的，然而明星“变质”虽然多为意外发生，但并非毫无先兆或不能预测，所以企业应该与明星代言人加强联系沟通，积极关注其动向，建立跟踪评估体系，对明星“变质”的可能性做好事前研究分析预测，并及时采取有效应对措施。

（4）代言人的事业是否处于下降状态

在这个信息更新加速的时代，明星的变数大得不可思议，明星的老化速度自然比以前加倍。随着明星自身“过气”，其社会影响力必然也会下降，因此处于下降状态的明星一定不要选，因为企业有可能为其“过气”埋单；此外，时势的变化使明星的影响出现阶段性的波动。因此，选择正当红的明星需要慎重，既要看他的事业是否有下降的痕迹，也要考虑其身体是否健康、实力是否依旧能保证他继续红下去。

品牌危机管理的关键要素

品牌是企业联系顾客的无形纽带，是企业生存和成功的关键所在。然而，企业的品牌多处在动荡不定、复杂多变的市场环境中，充满着诸如经济动荡、科技进步、潜在威胁、消费者偏好改变及市场权利重构等诸多问题。在品牌的创立、维护和发展阶段都可能出现品牌危机。如果处理不好，品牌危机对企业来说无疑是一场灾难，不仅会把以前企业培育和维系品牌所投入的大量人力、物力、财力等资源丧失殆尽，使企业遭受重大损失，更严重的会危及整个品牌、乃至整个企业的生死存亡。这让我们清醒地认识到：企业品牌要长久地生存和发展，必须进行科学的品牌危机管理，使企业品牌在危机中化险为夷，转“危”为“机”。对于当代企业来说，成功的危机管理包括三个关键因素。

1. 企业领导者对危机的重视和直接参与

通过我国企业品牌危机管理的研究发现，国内企业普遍存在着对品牌危机管理认知方面的不足：企业领导者缺乏品牌危机的意识，对危机管理的本质认识不清。由于中国企业更多趋向于人治，企业高层的不重视往往直接导致整个企业对危机麻木不仁、反应迟缓。在品牌危机爆发时，企业一没有正确的态度和专业系统的危机处理流程来采取积极的措施；二不能与企业内外部进行有效地沟通并正确地处理与媒体的关系；三在危机过后的品牌重建上，企业更不可能懂得采用品牌危机恢复机制，及时消除危机影响并使品牌得到新的发展。而需要指出的是，随着市场竞争的加剧和网络等新媒体的兴起，企业危机随时随地都在暗流涌动。外资企业拥有强大的公关能力和作战经验丰富的危机管理系统，而国内企业由于危机意识淡薄，往往处于比较脆弱的劣势地位，一旦遭遇风吹雨打便很可能夭折。因此，国内企业要想打造自己的品牌优势，树立品牌危机意识是第一步，也是最为关键的一步。

无论是危机预防还是处理，企业高层的直接参与和领导是有效解决危机的关键。担任危机领导小组组长（或称为“首席危机官”）的一般应该是企业一把手，或者是具备足够决策权的高层领导。因为危机处理工作通常是跨部门、跨地域的，不仅会对许多正常的业务流程和企业政策进行改动，还要及时进行信息与资源的调拨分配。这种跨部门的工作是任何一个部门性管理人员都无法胜任的，而必须由能够支配协调各个部门的领导出面才能够“摆平”。危机处理工作对内涉及从后勤、生产、营销到财务、法律、人事等各个部门，对外不仅需要与政府、媒体打交道，还要与消费者、客户、供应商、渠道商、股东、债权银行、工会等方方面面进行沟通，如果没有企业高层领导的统一指挥协调，很难想象这么多部门如保做到口径一致、步调一致、协作支持并快速行动。

2. 制度化、系统化的危机管理流程和组织

霸王因为“二恶烷”的冤案元气大伤，而同行业的宝洁、联合利华等国际大企业却能够独善其身、应付自如，这与他们拥有制度化、系统化的危机处理机制有着必然联系。企业业务规模越大，危机造成的损失就可能越高，危机处理工作的难度也越大。因此大公司特别需要制定一整套全面、系统、可操作的危机管理制度和处理机制，一旦危机出现，快速启动相应机制，各部门、机构、员工知道做什么、说什么，全面而井然有序地开展工作，而不必依靠某一个关键人物的急中生智力挽狂澜。总结许多国际大企业的成功经验，如下几点特别值得借鉴。

（1）成文的危机管理制度

危机属于非常事件，企业无法按照现有制度来应对，必须事先拟订成文的有关危机事件的处理程序与应对计划，从而保证在危机发生时全体员工遵守共同的处理原则和方法，避免发生管理混乱。

（2）有效的组织管理机制

危机管理需要有效的组织保障，即确保企业内信息通道畅通、信息能得到及时反馈、各部门及人员责权清晰、有专门的危机反应机构和专门授权。从而一旦发现任何危机先兆均能得到及时的关注和妥善的处理；而在危机处理时这种组织保障的有效性将更加明显。

（3）良好的人力资源储备

企业在资源方面应进行相应储备以进行危机处理准备，特别是人力资源方面。参与危机处理人员的素质要求很高，企业不仅需要内部的人力资源保证，还需要借助外脑进行危机处理，包括公关顾问、管理顾问、财务顾问、政府官员等。如果不提前对此进行准备，则在危机发生时很难找到合适人员，甚至可能严重影响危机处理效果。

（4）具有危机意识的企业文化

正所谓：居安思危，才能保持清醒的头脑；未雨绸缪，方能防患于未然。无论是有效的管理机制还是良好的人力资源储备，这些制度化、系统化的先进经验都需要整个企业团队具有强烈的"危机意识"以保持时刻警醒，进而保证在预防危机这一环节上的力度，将危机及时处理，从而大事化小、小事化了。在当今这个充满变化和不确定性的世界，危机可能随时发生，并可能对一个公司产生致命影响。因此企业可以通过系统化的培训、研讨会和危机处理演习等来逐步在其企业文化中注入一定的危机感，使员工对危机有合理的心理准备。

3. 良好的信息管理系统

信息技术的飞速更新和广泛应用大大改变了企业管理的环境，而互联网的高覆盖、即时性也让品牌危机的爆发越来越频繁，因此，良好的信息管理系统对企业危机管理的作用也日益明显。互联网是把新兴的双刃剑，众多企业在这个战场上因为对环境的不熟悉、不重视而屡次踩到品牌危机的"雷区"，如归真堂的"熊胆事件"、优卡丹的"微博危机"等，当然也有不少企业能够沉着应对、转危为机，如要求严格检测恢复清白的农夫山泉，在“砒霜门”中反而在消费者心目中树立了责任企业的形象。

信息管理系统贯穿于危机的始末，在危机爆发前，信息系统作为预警机制的重要工具，能在危机苗头出现早期及时识别和发现危机，并快速果断地进行处理，从而防患于未然。在危机处理时信息系统有助于有效诊断危机原因、及时汇总和传达相关信息，并有助于企业各部门统一口径，协调作业。在危机结束后，信息系统有助于收集处理危机的反馈信息，及时地恢复品牌形象和业务运营。良好的信息管理系统包括对互联网上关于品牌信息的收集和风险分析、优质的后勤和售后服务保障，危机爆发时与媒体、政府、员工等公关沟通组织以及危机的善后处理等。需要指出的是，信息管理系统不是单纯地收集信息，更重要的是拥有分辨有效信息和“噪声”的能力，在危机中受“噪声流”的干扰，往往会导致信息失真、信息传播受阻或延迟，这就需要我们积极拓展信息的渠道，分析哪些是真实信息，哪些是谣言讹传，一般情况下经过政府和主流媒体传播的信息是经过核实的、可靠的权威性信息，而在社会公众、网络等非主流媒体间的传播，由于缺乏必要的社会监督机制，很容易是谣言。由于这些非正式的传播媒介的传播速度快，影响广，企业在信息管理的过程中尤其需要针对这些小道消息，进行分析辨认，及时正名。

第七章

六力营销案例解密

解读白云山复方丹参片

广州白云山和记黄埔中药有限公司（简称“白云山和黄中药”）由广药集团白云山制药股份有限公司与香港李嘉诚先生旗下的和记黄埔（中国）公司于2005年5月合资成立。提起该公司，人们很自然地会想起白云山板蓝根颗粒，作为这一行业的龙头老大，多年来一直以超过50%的市场份额的业绩名声在外，成为抗流感、治感冒的神药。而该公司的另一员“大将”——白云山复方丹参片，尽管和白云山板蓝根颗粒的贡献成绩不相伯仲，却鲜为人知。同为公司的左膀右臂，两者每年各为公司贡献6个多亿的销售额，为何境遇却相差至此？究其原因，则为两者是OTC（Over The Counter的缩写，指非处方药）和处方药的区别。既要面对处方药不能在大众传播媒介做广告的禁令，又要紧急推广品牌，提高知名度，白云山复方丹参片的营销传播之路该何去何从？

1. 决策力：创新战略方向

大众广告媒体的限制如何突破？消费者的关注度如何提高？如何在有限的传播资源里引爆一个老品牌处方药的市场？对此，该企业做了大量研究部署工作，终于确定，白云山复方丹参片将以“科技升级，专利护航”的战略来加快其中药现代化的步伐。为增强发展后劲，企业在中药指纹图谱研究技术方面取得创新突破，并在山东沂蒙山区建立起一个丹参药材标准化种植基地，保障了优质药材原料的供应。这些大手笔、高强度的决策战略规划，注定了白云山复方丹参片走的是一条不同寻常的创新之路。

2. 产品力：专利树立权威

从质量上寻求差异化并能巩固差异化优势是白云山复方丹参片成为典型的中药专利大户的保证，目前已经在原材料、生产工艺、临床使用及产品包装拥有十余项专利保护，如生产工艺方面全国首创“分级提向提取技术工艺”，保证了各有效成分的含量和科学配比，从而使其疗效较之其他剂型更胜一筹；临床方面运用高通量筛选技术，获得防治老年痴呆症专利等，通过专利研发，既保证了产品的核心竞争力也树立了行业权威。

2005 年，白云山复方丹参片获得“防治血管性痴呆”新适应证临床研究批件，历时 7 年，全部完成临床试验，证明了其治疗老年期血管性痴呆疗效确切。2012 年年初，“伟哥之父”诺奖得主穆拉德博士担任广药集团研究总院院长，更将“白云山复方丹参片防治老年痴呆的作用和机理”签约为首个研究项目。临床研究项目获得的良性结果，为推广白云山复方丹参片治疗老年痴呆提供了强有力的依据。

3. 策划力：嫁接 OTC 模式

白云山复方丹参片作为处方药，受广告限制是必然的。然而随着人们生活环境、生活方式和饮食习惯等方面的变化，心血管病发病率正呈现逐年上升趋势。众所周知，复方丹参片是人们最熟识、最常用的心血管病药物之一，目前，大多数普通患者或处于亚健康状态的人，已经将复方丹参片当作长期服用的常规药，所以复方丹参片的用药人群非常庞大；并且，人们不断增强的保健意识也为复方丹参片提供了广阔的潜在市场。作为心脑血管患者的常备用药，让更多的消费者了解这一品牌，加入到白云山复方丹参片的潜在消费者行列中来更是必需的！因此，从白云山复方丹参片目前的情况来看，其营销趋势必将告别医院药店，直接面对消费者，进行心脑血管疾病知识的相关普及和宣传，白云山复方丹参片策划团队大胆决定，创造性地将 OTC、保健品的营销模式嫁接过来！

4. 执行力：拓展终端活动

想教育消费者首先得培训好终端销售人员，白云山复方丹参片的终端培训和活动执行的很到位。长期坚持与药店店员的沟通，形成良好的感情互动。随时向药店人员反映产品在临床上的成果，如在全国最早采用薄膜包衣技术，使该药品在人体内吸收更快、生物利用度更高，且不含糖，使那些忌糖患者能放心服用。树立店员销售信心的同时也及时地让更多的消费者对其产品产生信赖感，形成长期购买行为。在价格体系上，白云山复方丹参片尽管 30 多年来一直在生产工艺和技术上寻求突破，却一如既往地保持着它价格的便宜，每天服药所花的费用仅为 0.5 元，所以，作为平时治疗或保健用药，价廉物美的复方丹参片自然成为了消费者的首选。

5. 品牌力：多年打造龙头

在白云山名牌药品家族中，复方丹参片作为“元老”级产品，30 年来为企业贡献了格外引人瞩目的业绩，业界都知道，该药虽是白云山的第一代产品，然而它“老当益壮”，雄风不减当年，特别是近三四年来，销量连年翻番，连续 4 年位居全国第一。尽管白云山复方丹参片的外表看似是一个很普通的“大路货”，然而其多年来长盛不衰，在同类产品中独占鳌头的品牌力，足够使其在企业品牌打造和未来战线规划中继续“挂帅”。

6. 传播力：巧用网络营销

21 世纪，网络营销依托着不断更新的信息科技，成为全球企业竞争的锐利武器。近年来，随着微博、微信等公共网络平台的普遍应用，让网络营销的互动性、及时性进一步加强，网络营销“以小博大”的优势由此强化，宣告着网络微营销时代的到来。作为华南地区最大的单体中药生产企业，白云山和黄一直坚持与时俱进的方针，2013 年企业携手专注于医药企业营销的上海桑迪营销咨询，将微营销的概念巧妙运用到复方丹参片的网络营销中，取得了突破性的营销传播效果，也为处方药的网络营销提供了一个经典案例。

（1）微博营销，创意为先

医药行业的网络营销难度之所以高于其他行业，正是由于其特殊性造成的。作为治病救人的医疗产品，商业性太浓会引发消费者反感，效果适得其反；公益性太浓，又与企业赢利的目标相去甚远。如何两全其美地把握好火候？抓住与产品相关的节日信息，在传递正能量的同时让消费者真心接受企业的有效宣传信息是一个方法。比如结合5月的“母亲节”，白云山复方丹参片官方微博推出“关爱母亲，关注老年痴呆”的主题，并发起了“拍下母亲微笑，送出你的关爱”的有奖转发活动，与粉丝展开了温情互动，结合撒切尔夫人逝世及其老年痴呆的新闻热点，呼吁粉丝们关爱老人，关注老年痴呆患者。积极普及老年痴呆的防治注意事项的同时让粉丝们在轻松的活动中学习护理老人的知识，粉丝量迅速增长，白云山复方丹参片自然被更多人熟知。

纵观白云山复方丹参片的微博活动，有以下几个优点。

①结合了撒切尔夫人逝世的新闻热点和名人效应，在母亲节推出“关爱母亲，关注老年痴呆”的主题，自然合理，让粉丝们易于接受，形成的传播效果自然是“四两拨千斤”。

②微博以传播防治老年痴呆、认识其征兆的知识内容为主，公益化传播正能量，与粉丝们沟通交流的同时更容易与粉丝们打成一片，形成良好互动。

③“拍下母亲微笑，送出你的关爱”的有奖转发活动，在温馨感人的同时也树立了企业鼓励“孝文化”的良好形象，粉丝量飙升亦在意料之中了。

（2）微信营销，交流枢纽

在微信营销方面，白云山复方丹参片紧紧抓住“勤更新，频沟通”的方针，及时向目标受众分享产品的活动和新闻动态，随时收集目标消费者的建议和反馈。在白云山的微信营销方面，我们可以看到以下内容。

①信息的及时性有助于提升消费者的信心。白云山复方丹参片荣登“2013 年中国药品品牌榜”的新闻被消费者认知后，其作为国家防治老年痴呆专利产品的属性也让粉丝们发出了“放心给爸妈使用”的感言。

②与线上线下活动呼应，及时反馈信息。在微信传播中，粉丝们可以及时反馈对于白云山复方丹参片的产品或活动意见，如“凡人有乐·舞动 30 秒”全民参与的活动在都市电台开展，观众可通过微信更方便积极地参与其中。“健康中国，美丽中国”的健康顾问全国招聘活动，通过微信粉丝们积极互动，进一步推动了现场氛围。

③推广扩大微博、微电影的宣传效果，与网友互动。在与微博日常有奖活动互动中，通过微信，更多的网友接收到了信息，让微博的粉丝短时间增长，微博活动顺利开展；在微电影《让爱回家》上映后，网友们通过微信互动感想，积极影评，为白云山复方丹参片的进一步传播起到了很大的推动作用。

（3）微电影传播，让爱回家

2013 年 9 月 24 日白云山和黄中药筹拍的国内首部关爱老年痴呆症患者微电影《让爱回家》首映，随后在网络、报纸等各大媒体上引起了强烈反响。

①《让爱回家》作为企业产品宣传片以微电影的形式选择在网络上传播，其目的正是想取得年轻人群的关注，这部分人是目前的强需求消费者和未来潜力消费者，培养这部分人群对于父母心脑血管健康的关注以及对复方丹参片的认知，对产品的长期销售很有必要。这部分人对童年对父母有着特殊的记忆，《让爱回家》微电影以唯美的画面展现着两代人的父子情，唤醒了目标人群对父母最朴素的情感和共鸣。让受众潜移默化地接受复方丹参片的治疗作用和对老年痴呆症的关注，这种隐性传播的方式，取得了意想不到的效果。从目前粉丝年龄构成来看，除了 30～65 岁年龄段主

要的购买人群占了40%，其中18～29岁这一年龄段占了60%，而这部分正是白云山和黄本次传播方案的目标人群。

②在时间选择上，选在世界老年痴呆宣传日首映，且正好是中秋与国庆双节期间，消费者在此段时间对父母的思念正浓，选择这段时间正是应了天时。在《让爱回家》播出期间，企业登陆各地方台举行活动，以与网友观众互动的方式，向心脑血管疾病的老人送礼品关爱，让更多的人了解心脑血管疾病知识。并在中秋之际，举行白云山复方丹参“月满之际，让爱回家”有奖转发的微博抽奖活动，以微博活动抽奖+活动页面微电影播放展现这种软传播的方式，取得了很好的效果，得到会员及媒体赞誉。

③在微电影宣传方面，白云山和黄投资爱奇艺等主流媒体，吸引更多的观众。同时，启动了全方位的新媒体传播策略将《让爱回家》广泛传播，门户网站、微博、微信、BBS（论坛）及百度各大平台全面整合，在微博上设计有奖转发及创意微博两种形式进行推广，通过“月满之夜，让爱回家”中秋有奖转发和“十一回家抱抱爸爸”国庆活动，粉丝量直破百万大关，让更多的爱带回了家。

解读古汉养生精

我国的中医药行业有着几千年的悠久历史，自然也凝聚了历代人的养生结晶，其中不乏享誉一方的经典品牌，然而，这些品牌如何打破偏安一隅的格局，走向全国市场，打造全国乃至国际知名度，则成为其企业领导者不得不思考的课题。对此，湖南市场的区域品牌——古汉养生精的案例或许能够给读者一些启示。

清华紫光古汉集团的拳头产品古汉养生精从1986年上市以来，虽然在营销声势上没有轰轰烈烈，但却潜移默化地影响了两代人，以自己独特的营销方式成为区域品牌的杰出代表。2002—2007年的5年时间里，受清华紫光古汉盛情委托，上海桑迪营销机构为古汉养生精提供品牌诊断、营销战略与整体策划顾问服务，为这个区域性品牌业绩提升及推向全国市场出谋划策。

1. 内外结合奠基产品力

近年来，保健品市场在过度的功效承诺中渐失民心，保健品也陷入了有人买、没人吃，被当作礼品的尴尬境地，在这样的背景下，养生保健产品的产品力便显得尤为重要。古汉养生精在产品力上很幸运地占得先机：首先，在产品力内涵上，在湖南几乎没有人不知道古汉养生精，就是这么一个中药产品，当地人一直把它当成养生品在吃，只要体质虚弱，不分男女老少，人人都可吃古汉养生精。正所谓，金杯银杯不如口碑，古汉养生精的产品力在湖南收到了很大的反响。其次，在产品力外延上，古汉养生精的配方来源于两千年前的马王堆《养生方》，几乎无人不晓。早在1973年，长沙马王堆西汉古墓被发掘时引出三大奇迹，震惊了全世界，其中一个就是古汉《养生方》。有了马王堆深厚的传奇底蕴、古汉养生的经典配方以及产品卓越的功效，古汉养生精以产品力奠定了日后得以借势推广的基础，成为湖南省著名的中药品牌。

2. 文化借势精准传播力

马王堆奇迹被传媒纷纷报道，国家重要领导人亲自批示研究马王堆文化，原湖南古汉集团紧紧抓住这些热点，使产品搭乘文化快车，宣传马王堆《养生方》以及依据秘方配制的古汉养生精。在医药领域，品质、荣誉就是产品的生命，在古汉人坚持不懈的努力下，古汉养生精不仅得到了诸多发明专利及奖项，而且成为了国家一级保密处方，这为产品推广积累了大量的独特资源。

古汉养生精借助悠久的养生文化，借助独特的马王堆与《养生方》，主打文化牌与中药养生牌，且产品是纯中药养生品，有确切疗效，成为了养生中药的佼佼者。此外，他们独创“脏腑衰老学说”：人体衰老的根源在于脏腑功能的衰弱，而肾、脾、心、脑是人体脏腑核心，相互关联，相互依托；单一补肾、补脾、补心脑治标不治本，会造成人体阴阳失调，对身体健康造成危害；只有综合养护，增强肾、脾、心脑动力，补充人体精、气、神，才能真正恢复人体健康活力，达到根本养生长寿的目的。这样的传播，从症状入手，让消费者对症下药，明白产品带给他们的切实利益，打动他们，激发购买欲望。

3. 意见领袖引导品牌力

为打造古汉养生精的品牌力，该企业在消费者忠诚度的培育与意见领袖的口碑营造方面开创了独门秘籍，这一秘籍一方面是赠送，另一方面是售后服务。赠送的方式很有冒险意识。然而由于对产品的配方充满信心，对产品疗效有把握，公司在早期采取了传统却别有新意的赠送方式。在20世纪90年代中期，现任名誉董事长的申甲球老先生充分启动人脉资源，借助参加全国人大会议的机会，向来自全国各地的代表们逐一介绍古汉养生精，介绍马王堆文化，上至政府要人，下至普通百姓，找准对象免费赠送两盒古汉养生精，绝不多送，因为效果好，吃过的人当然还想吃，还想买。通过一次次有策略性的派送，古汉养生精的产品效果赢得典型消费者的认同，培育了一批又一批的意见领袖。借助这些典型目标顾客的口碑传播，产品的销路越来越广，从湖南省传播到全国，甚至海外。人们不仅把古汉养生精当成补肾益精的药品，而且当成了补虚养生的滋补品。

服务营销一向被业内广为推崇，其中重要的一环即是为消费者做好售后服务。在清华紫光古汉集团，售后服务贯彻得非常得力，公司成立了售后服务中心，专门负责顾客资料处理，解答顾客的各种咨询。这种最朴实的营销方式，却有效地使古汉养生精的顾客满意度与日俱增。满意度高，回头率自然也就高了。在湖南市场，人们习惯于拿古汉养生精送礼；特别是湖南人去省外办事或走亲访友，总要捎上几盒，作为地方名牌特产馈赠亲友。每逢节庆日，古汉养生精就会掀起一个个销售高潮。

时至今日，清华紫光古汉集团仍然在口碑营销方面下足功夫，组织权威专家进行养生讲座，传播养生文化，讲解健康养生基本知识，帮助普通市民建立科学养生观念。除了养生大会，还在部分中老年人比较集中的社区，举办“古汉养生”公益宣传活动，组织重点社区推广公益活动。在重点市场，每年都有多场终端社区宣销活动，积极为忠实消费者提供实惠便利。

不靠大广告，靠品质保证，靠服务营销，古汉养生精在湖南成了家喻户晓的名牌。感谢信也好，锦旗、石狮也好，都是对企业形象的一种认可，对产品品质的一种认可，对品牌的一种肯定。

4. 差异化彰显策划力

古汉养生精有一定的产品力和品牌力基础，在策划的过程中充分放大这些优势将起到“四两拨千斤”的效果，在策划的过程中，充分借力古汉养生精与马王堆的历史文化，在原有的基础上以差异化策划深化了古汉养生精的贵族形象。

在包装设计方面，通过现代设计理念对其进行重新整合、演绎，找出代表古汉千年养生方的元素符号。以红、黄、橙、绛渐变色作为基础色调，以四条印型金龙图腾的六边形图案作为产品的核心记忆点，中间是隶书体的古汉养生精字样，图、字、印相映成趣，包装总体神秘感强，体现了千年古方的皇家风范也演绎现代的产品理念，体现了产品差异化。

古汉养生精的成功，差异化命名也功不可没。在品牌保护方面，企业采用一对一法则，注册了“古汉养生精”。古汉养生精与古汉《养生方》虽有一字之差，但这一字之差造就了产品的独特性、专有性与差异性，借“马王堆”文化旗帜，古汉养生精源自西汉《养生方》精髓，由数名中医专家12年科学配比精制而成，可全面调理脏腑功能，迅速补充人体精、气、神的宣传点为人们所熟知。搭乘文化快车顺势传播，同类竞品自然无法效仿。

5. 终端体系强化执行力

深度分销维护价格体系。由于很多顾客常年服用古汉养生精，古汉养生精在湖南消费者心目中已经成为了各药店的必备品牌，因此，出现了一个非常有趣的现象：古汉养生精在湖南的多数药店里零售价低于出厂价，但为了招徕顾客，药店只好采用限量销售政策。为何出现价格倒挂的现象？对此，公司一贯坚持深度分销策略，在湖南建立了完善的三级分销体系，公司商务人员协助一级经销商做好对二级经销商的服务，再协助二级经销商做好对三级客户的服务，然后通过多种奖励政策，维持各级利益的平衡，这样才使得各级经销商相安无事，各得其所，保证了渠道的畅通，零售药店有货可供。

强化终端氛围拉动消费。古汉养生精在终端方面做了非常大的投入。在药房终端上，对产品陈列进行了较严格的规范，必须形成整体感，至少三盒并排陈列，摆放在显眼位置；在宣传物料上，以富有冲击力的海报、吊旗、中国结、橱窗喷绘、模拟盒等强化消费者的购买欲望。在终端形象包装上，以古色古香的暗红色、橙黄色组合色调和“龙”图腾，使产品更具养生极品形象。在软终端上，加强与营业员的信息沟通，通过走访和情感交流，向他们发放《古汉养生手册》等物料，使其更加充分了解产品的背景、功能与社会效益，大大加深药店、营业员的了解与信任，促进了营业员的推荐信心。

6. 布局全国深化决策力

多年的市场积淀，使古汉养生精在区域市场成为了知名品牌，在浙江、湖北、广东部分区域市场也有一定的竞争优势。但面对偌大的全国市场，古汉养生精必须走出来，在更多的区域市场乃至全国市场缔造奇迹。

通过营销诊断和战略规划，结合企业实际资源与市场状况，借助一级经销商九州通和双鹤医药的渠道优势，清华紫光古汉决定将古汉养生精营销模式设定为3种：保留湖南样板市场特区，按照新调整的传播策略逐步提升品牌，提升价格空间，维护各级商业的利润，稳固并继续扩大市场份额；在湖北等华中市场，借助湖南、湖北一衣带水的连带关系，进行营销模式创新，摸索出适合新市场需求的营销策略，使华中市场区域规模化；在西北、西南市场，建立“革命根据地”，以新疆、四川为样板拓展，从省会城市开始启动，形成点、线、面的市场规模。

清华紫光古汉将借助自身的资源优势、资本优势，采取自营模式，借助渠道的力量将产品渗透到不同的区域，在适当的时候考虑大媒体传播策略，使古汉养生精产品迅速铺向全国，创建完善的OTC（Over - The - Counter的缩写，指场外交易市场）网络。同时，让OTC与临床推广相互促进，保证医院与零售市场同步互动。通过3～5年的运作，使古汉养生精真正在全国打响品牌，销售量突破5个亿。

解读心宝·龟鹿补肾片

上市仅仅5个月，便在重庆万和药房销售突破30万盒！平均每分钟销售1.4盒！单品一年给万和药房创利近1000万元！创造了万和药房新品上市业绩的奇迹！产品供不应求，第一年零售价销量已达1.1亿元！这就是心宝·龟鹿补肾片！

心宝·龟鹿补肾片坚持：产品定位是前提，方案制定是根本，终端培训是促进，营销宣传是推动，方案执行是关键，监督检查是保障。

1. 清晰、精准的产品定位

（1）产品属性定位

心宝·龟鹿补肾片产品精良，但苦于没有精确定位，无法抢占市场，通过与桑迪共同对现有市场消费需求的统计分析，并与竞争对手产品的综合比较，结合自身产品优势，提炼出心宝·龟鹿补肾片产品诉求：阴阳双补，调养结合。明确其属性定位：自用、送礼及团购，大大地扩大产品的销售机会。

（2）产品价格定位

价格定位于中低价位，市场价为 138 元/中盒（四小盒），推广价为 128 元/中盒（会员优惠价）。中低档的价格定位降低消费者购买成本，高性价比的产品，易于消费者作出购买决策。

（3）目标消费人群

产品适用人群为 40 ~ 75 岁的中老年人（男性为主），其中核心人群为 50 ~ 65 岁，目标人群主要有以下特征：①身体状态呈下行趋势；②不满意现有性生活质量；③注重养生、保健。

（4）购买人群

根据购买用途将购买人群分为三大类：①自用。主要为 40 ~ 65 岁注重生活品质的男性及部分女性；②送礼。40 ~ 50 岁注重生活质量及关心老公、热爱家庭的女性；③30 ~ 40 岁渴望被重视、关心长辈、感恩领导、师长的男性。

（5）广告诉求

产品上市初期，心宝 · 龟鹿补肾片定位主打补“虚”，但经过市场调研，发现对于中老年补肾消费者而言，症状诉求更易于被接受。主要症状表现为腰酸、夜尿多。因此，最终将产品的广告语定为：腰不酸、夜尿少，心宝 · 龟鹿补肾片，挺好！

（6）市场机会

补肾市场现有明星产品主要有六味地黄丸、补肾益寿胶囊等。其中，六味地黄丸占补肾总市场的 40%，但六味仅治肾阴虚，若吃错药后果严重但又不易被察觉。心宝 · 龟鹿补肾片由动物药 + 草本药制作而成。经现代医学证实，动物成分因与人类同源性更高，更容易被人体吸收，起效快、效果好。再者，中药配方无副作用，适合长期养生保健，可满足中老年补肾市场需求。

2. 细致周密的终端营销策划方案

终端是产品的销售前沿，门店销售人员的专业素养、产品的终端陈列、促销组合策略等将会对产品销量产生直接影响。

①制定科学的促销组合策略。

②组织门店销售人员进行系统培训。

③制定令人心动的绩效方案。

④确定多点陈列标准。

3. 高效务实的终端执行力

心宝制药的执行力受到医药同人的一致好评，这离不开合作战略客户的鼎力支持。高效的执行力为心宝·龟鹿补肾片的旺销甚至脱销提供支撑与保障。在心宝制药的指导下，战略合作客户执行力有如下七个法宝。

①成立专门推广组：每天最少关注一次数据并公布给门店。

②确定市场各片区专项负责人。

③各片区指定一个样板门店，并进行及时的经验分享及点评。

④各片区组织到样板门店学习，重点借鉴成功的销售方法。

⑤组织各片区进行 PK（游戏中玩家相互战斗的模式），可以激发销售人员的竞争意识。

⑥组织优胜者进行巡回宣讲。

⑦组织阶段性成果分享会。

4. 别出心裁的新品启动会

心宝·龟鹿补肾片的新品启动会与众不同：合作领导到现场亲自进行动员；培训氛围轻松并伴有幽默的角色扮演并及时进行体验分享；现场点评及绩效发放让员工坚信产品可以卖出去，可以挣到钱。

5. 无所不在的线上线下传播

好的产品，同样需要宣传。心宝·龟鹿补肾片进行了一系列的营销宣传，结合线下与线上，形成传播矩阵。

线下终端营销宣传无所不在，首先在店内滚动播放活动政策及产品卖点，其次进行终端陈列展示、团购卡片宣传、店外宣传资料的派发、报纸软文的前期宣传等。

企业官方微信与私人账号微信互动传播，加深与客户及消费者的沟通互动，树立企业形象，扩大产品品牌知名度。

6. 监督检查是保障

①推广组专员每天最少关注一次数据并公布给门店，对销售异常的门店进行销售分析，找出问题并及时解决。

②推广组专员会同门管部对门店的执行情况随机进行抽查并对不同类型门店进行相关意见的收集。

③推广组专员联合厂家，到现场收集并解决销售中的问题。

④推广组专员及门店经理及时组织分享、点评及表彰。

心宝·龟鹿补肾片以低成本运作的方式成功突围，创造一个又一个销售佳绩。自上市以来，先后登陆全国各大连锁药店，销售场面火爆。其中，重庆万和药房、兰州惠仁堂、广东大森林曾一度供不应求。据统计，心宝·龟鹿补肾片零售价销量目前已达 1.1 亿元。

解读神奇·珊瑚癣净

随着各类网络媒介的不断兴起，网络营销成为全球企业竞争的强大推力。近年来，网络营销的互动性、及时性、娱乐性加强。企业已经迎来网络多平台联合、多手段并举的微营销时代。

医药行业网络营销风险性大，稍有不慎，就可能落得全盘皆输的下场。国内医药工业该如何借风网络，实现从传统到现代的华丽转身？贵州神奇制药旗下的神奇·珊瑚癣净案例或许能够为广大医药企业带来一些启迪。

神奇制药作为国内私营医药企业的先行者，虽然一直坚持与时俱进的方针，但在网络媒体的快速冲击下，营销手段未能及时更新成为制约企业发展的一大瓶颈。2014 年，贵州神奇携手专注于医药企业营销的上海桑迪数字传媒，将微营销的多种手段并举，利用世界杯的东风，巧妙植入到神奇·珊瑚癣净的网络营销中，取得了突破性的营销传播效果。

1. 建立平台，沟通为重

贵州神奇与上海桑迪数字传媒双方就神奇·珊瑚癣净这款曾经辉煌的明星产品的研发背景、营销模式进行深入沟通和交流，一致认为，最需要解决的是教育消费者认知的严重断层问题：80 后和 90 后对于珊瑚癣净知之甚少，没有他们的支撑，神奇·珊瑚癣净的营销将举步维艰。如果仅仅增加广告投放量，那么巨额的广告投放能有多少到达率？所产出的利润是否支持？

桑迪数媒认为：要解决目标消费者的认知，就要从其媒体接触习惯入手，研究他们的喜好和言论聚集地。建立新媒体形势下的各类平台，无论受众持什么样的观点，沟通是第一要务。

为了直接和消费者们交流，桑迪数媒将神奇·珊瑚癣净微博定位为一个有血、有肉、有思想、会互动的人，把金桥药业定位为企业信息发布的官方平台。

神奇·珊瑚癣净微博和金桥药业微信的创建，是桑迪数媒和神奇制药在充分沟通，分析了企业、产品现状之后的精确定位。医药工业网络营销商业性太浓会引发消费者反感；公益性太浓，又与企业追求的诉求目标相去甚远。如何把握好火候？借势营销？利用与产品相关的热点时事，在传递正能量的同时让消费者真心接受企业、产品的有效宣传信息是一个四两拨千斤的好方法。

2. 借势热点，人人参与

神奇·珊瑚癣净主要治疗各类“癣症”。但在国人的传统认知中：手癣、足癣都是隐私类疾病。谁愿意天天和一个皮肤类用药做互动呢？桑迪数媒认为：只有产品（神奇·珊瑚癣净）+认知（功能主治与实际疗效）+认同（企业文化和品牌调性）才是完整的消费过程，只有人人参与的微博才能取得双向沟通的效果。为此，神奇和珊瑚癣净需要借助一个与足部有关的事件隐性传递产品诉求。

适逢巴西世界杯开始，桑迪数媒结合神奇品牌，在微博上推出了“世界杯神奇瞬间”这一专题，在每一轮小组赛之后，都会评选出该轮的“五大神奇瞬间”，并让粉丝投票，选出心中最“神奇”的事件。降低商业味，增强话题的参与度，无形中传播“神奇”品牌。此外，每天赛场内外的热点新闻也尽可能与品牌和产品相结合，在这个月里，神奇·珊瑚癣净微博塑造了一个热爱足球、喜欢运动、爱好交友、善于表达的年轻男性的形象，珊瑚癣净躲到了背后，一个活生生的“人物”形象站在了台前，与天南海北的粉丝各抒己见，畅所欲言。

3. 游戏先行，娱乐至上

在新媒体快速发展的今天，神奇制药和珊瑚癣净需要寻找一种更新颖的、更娱乐的方式去吸引消费者的眼球、提升他们的参与度。

微网站后台的数据管理可以作为消费者信息数据库，各类小游戏的开发能利用粉丝更多的碎片时间增强黏度。微信具有零资费、跨平台沟通、显示实时输入状态等功能，更灵活、智能，节省资费。对于神奇制药来说，微信营销具有网罗目标消费者、与受众及时互动交流、收集调查反馈意见等优势。

在微信营销方面，神奇·珊瑚癣净紧紧抓住“抓热点，频沟通，玩游戏”的方针，及时向目标受众分享神奇·珊瑚癣净的活动和新闻动态，随时收集目标消费者的建议和反馈。在神奇的微信营销过程中，我们可以看到以下信息。

①企业和产品信息的及时更新有助于提升消费者的信心。强化珊瑚癣净“360 度杀菌除病屑”“使用频次少，使用疗效好”等特点。

②结合世界杯的踢球过把瘾的“点球大战”游戏和奖品刺激，有利于提升消费者的参与度和娱乐感。

③加大后台的数据分析和消费者信息数据收集。数据分析可以为微信内容的制定提供依据，一切从受众出发。

数据显示，神奇·珊瑚癣净的微信粉丝，短短两个月就从几百人突破数千人大关，成为同品类微信账号里的大户。

解读王老吉

2013 年的夏天，全国高温警报不断拉响，凉茶市场也迎来了一年中的旺季，作为凉茶豪门的王老吉，2013 年的意义更是非比寻常。自 2012 年加多宝和广药关于王老吉的商标之争一锤定音以来，两家企业在凉茶市场上的争夺战也就此打响。加多宝集团在这片领域自有其“一夜成名”的魅力，十七年的经营也成就了其深谙快消品渠道运作，在广药收回“王老吉”的商标后，民心背向便成为一大难题，如何维护王老吉的品牌价值，依托这一品牌，完成其王老吉大健康产业的蓝图？下面，我们将从六力营销角度来透视分析这一问题。

1. 决策力指引方向

在“大南药”的战略推动下，广药集团布局大健康产业的步伐也在不断加快，收回“王老吉”正是其决策布局的第一步。然而，“王老吉”回归后是升值还是贬值将很大程度由广药领导层的决策力来决定。早在2010年，据北京名牌资产评估有限公司报告，广药集团旗下“王老吉”品牌价值高达1080.15亿元，成为了中国目前的第一品牌。但在广药集团的整个产业布局中这不过是一个跳板、一个基础切入点罢了，尽管业内对广药集团的这一决策议论纷纷，褒贬不一，尽管这一决策让广药集团将背负着上百亿元的资金投入，面临着新市场的开拓和人员重组的重重压力，然而广药集团实现这一蓝图的信心和决心却依然坚定，甚至在长城上许下了“大健康产业”规模达500亿元的豪迈誓言，令人不得不惊叹其决策力度之强。

2. 产品力是成功之本

在凉茶市场上，消费者更加认可凉茶产品的配置成分，其次才是凉茶的清热降火功效。加多宝多次请王氏后人出面打广告，企图移花接木力压王老吉，也从侧面佐证了王老吉产品力的重要性。因此，强调配方的正宗无疑成了王老吉广告传播的关键点！针对这一点，广药集团筹建王老吉凉茶博物馆，广州市管理部门也表示，广药集团是王老吉唯一合法传承实体，拥有和王老吉相关的所有权益。甚至通过打官司来证明广药集团王老吉配方的正宗。桑迪的六力营销认为，产品力是毋庸置疑的企业根本，百年凉茶秘方保证了王老吉的品质，尽管这场配方之争方兴未艾，然而面对对手的竞争广告，广药虽然未能完胜，但其相关的正名公关，也抵消了一大部分舆论攻击，合理合法维权的行为甚至得到了越来越有辨别能力的消费者的认可，缩小了伤害范围。

3. 品牌力加强认同

王老吉凉茶目前的品牌价值高达上千亿元，但是如前所说，广药对于王老吉的定位并不仅仅是一罐凉茶，而是一个大健康产业的领军品牌，这就注定了广药集团对于王老吉的建设渠道是多样化的，因此，这将是一个长线工程，而非仅靠其在凉茶市场一朝一夕的占有率可以看出来的。当然，不可否认这一切要以王老吉的品牌价值为基础，王老吉的品牌价值一旦缩水，势必会影响广药集团的大健康产业的整体格局，因此，维持住王老吉在市场上的品牌价值是广药工作的重中之重。

广药集团的绿盒王老吉一直坚持着“凉茶就喝王老吉”的广告语，这句看似简单直接的广告语其实很符合中国市场的品牌独占模式，能够将产品和品牌的关联度最大化，就好比提到可乐人们会想到可口可乐或者百事可乐，提到方便面就会想到康师傅一样，王老吉与凉茶画上了等号。一方面，作为国企的广药集团确实在产品质量上具有严格把关的实力；另一方面，经过多年积累，王老吉的品牌在消费者心中已经占据了较高位置，“凉茶就喝王老吉”则进一步强化了此前消费者将王老吉与凉茶相等的潜意识。在加多宝铺天广告的竞争下，在越来越多的后进者蚕食凉茶市场时，尽快在消费者心中树立凉茶第一品牌的形象，进而占据消费者心智，才能够维持王老吉的品牌价值常青不倒。此外，桑迪认为，王老吉的品牌力如何维护甚至升值，还与其团队的策划力、传播力、执行力密不可分。

4. 策划力缔造传奇

2008 年四川震灾的一夜成名足以展示加多宝集团的策划团队的实力，2012 年的随之飙升的销量证实了其前期的传播策划的成功。然而在加多宝和王老吉“分家”后，是否要改变以前的传播策略？如何策划传播活动，迅速赢得消费者对广药王老吉的认可，扭转部分消费者的敌对情绪？做好品牌就需要加强与消费者的沟通，深入了解消费者。曾经的优势要维护，以后的策划更需要创新，王老吉通过品牌名中的“吉”字做文章，在央视冠名“开门大吉”节目，在社区与群众互动，吉祥亲切的氛围很好地为广药做到了博得消费者好感的效果。

2013 年，又一次四川震灾聚焦了消费者的眼球，这次活动无疑给广药扭转乾坤创造了契机，3 亿元的建厂资金支援了四川震后重建工作，更为其长远建设作足考虑，随后的网络、报道等反响告诉我们广药王老吉3个亿的投资所起的作用是积极的。

5. 传播力推波助澜

广告，就是一项投资，是对消费者大脑做的一项投资。经验告诉我们，广告最忌讳不停地变化，广告需要积累，贵在坚持。广药集团的王老吉强调老字号品牌，保留着王老吉多年的广告语“怕上火，就喝王老吉”的选择对于稳定既有消费者是有效的。桑迪认为，正如电影一样，大投资的“大片”未必“叫作大卖”，广告也并不是“大投入”就能产生“大销量”，能够“四两拨千斤”地将传播的销售力最大化才是广告的最终目的。在加多宝继《改名篇》《销售篇》的广告之后，又推出《传人篇》的广告轮番轰炸式播放，消费者的广泛质疑定然是不可避免的。面对舆论的压力，广药集团策划传播正能量的微电影广告，针对加多宝的虚假宣传，其传播定位似乎更为准确。此外，加多宝深谙网络营销之道，对于受众的心理把握得十分精准，因此，广药王老吉想要“正名”，网络成了双方不能避开的战场。针对加多宝推出的“对不起”系列的“同情策略”，王老吉利用小号传播“没关系”，迅速在网络蹿红，其所表现的传播风格坦荡淡定，从容大度，颇有兵来将挡、水来土掩之势，相信就连向来以广告传播称强的加多宝也不敢小觑其传播实力了。

6. 执行力步步为营

王老吉如何保住原有阵地，保住原有品牌价值，实现大健康产业的逆袭？单靠各大媒体上的“口水战”显然是不可能的，渠道为王，依旧是不变的真理，这将是一场“硬战”，搞定这场“硬战”，王老吉需要一个具有强大执行力的团队！

据数据显示，2012年王老吉三四季度销售费用分别大增125%和187%，其中四季度销售费用已达5.71亿元。可见王老吉从2012年就加大了营销人员费用以及销售费用，强势发力。在这个过程中，广药引进战术人才坚定执行企业决策，对渠道战役的成功起到了重要作用。

2013 年半年销售超 75 亿元也宣告了王老吉抢滩加多宝的成功，这也是广药王老吉一年来所构建的营销团队的强大执行力的体现。随着王老吉大健康产业全国铺货的完成，王老吉大健康产业的势头已经初露端倪，在未来，广药势必会向更高的市场份额进发。

解读东药·整肠生

整肠生是东药集团沈阳第一制药厂旗下的肠道用药品牌，12 年来，其疗效在市场上有口皆碑，可谓稳步经营，厚积薄发。然而，尽管整肠生名声在外，可很少有人能将它和东药集团沈阳一药联系起来，可见产品品牌与企业品牌急需对接，实现更优化的资源整合。于是，东药人决定大力推广整肠生，希望将其打造成明星品牌，并借此打响东药集团沈阳一药的企业品牌，最终拉动东药集团旗下的系列品牌。然而，在后起之秀的肠道用药市场，白热化的竞争使该产品遇到了越来越多的营销难题，对其发展构成了很大的威胁。2006 年，在东药集团的整体品牌规划带动下，厚积薄发的整肠生到了快速提升增量的阶段，面对当前群雄混战的肠道药市场，如何扬长避短，精准发力？整肠生积极借助外脑，与业内知名的桑迪咨询合作，积极探索新营销模式。

1. 决策力：群雄逐鹿，勇当领跑

桑迪咨询从品种、品牌、广告、促销、渠道终端、消费者等方面进行了长达半年的深入调查，发现纷乱的肠道药市场有如下特点。

①市面上肠道用药品种繁多，中成药、抗生素、微生态制剂、蒙脱石等超过 100 个，其中，西药以疗效快占据绝对优势，但由于其副作用大也存在着很大危机，总体上看，肠道市场竞争剧烈，群雄纷争，但无全国性

领导品牌。

②微生态制剂作为国际公认的肠道疾病治疗趋势，在当时市场上涌现了众多品牌。由于效果明显和毒副作用少等特点，在肠道用药市场的增长潜力不可估量。

③微生态制剂类品种，广告投入均有较强力度，且几大品种势均力敌。作为较早的微生态制剂类肠道药，整肠生因是大品牌，市场基础好，在这一市场颇有优势。

群雄逐鹿，谁来领跑？作为新一代肠道药，整肠生具有相当的市场张力，极有可能在新一轮的竞争中独领风骚。据此，东药集团决策层决定以整肠生为核心品种，制定了未来战略发展规划：整合资源优势，优化完善分销体系，探索新市场、新营销模式，然后迅速复制推广，实现单品销量翻几番、其他品种销量顺势大幅度提升的目的。于是，在群雄逐鹿的肠道药市场，磨砺 12 年的整肠生一朝出马，剑指肠道药市场第一品牌！

2. 产品力：立足疗效，创新突围

药品最关键的是科技与疗效，在由抗生素引起的医药事故频发的今天，用药安全引起了全社会的关注，尤其是对于肠道疾病，选择快速、安全、治疗彻底的药品非常重要。作为沈阳一药旗下唯一的肠药品牌，整肠生可谓是名门之秀，科技含量高、效果独特，已被列入国家医保目录和 OTC 药品目录，2000 年获国家专利技术终身保护，被中华医学会列入重点推广工程，荣获国家发明奖、全军科技进步一等奖以及在国际上的 27 项大奖，并在亚洲市场多年来享有盛誉。可见整肠生的产品力内涵是很充足的，然而，微生态肠道用药市场正在不断扩大，越来越多的竞争对手认识到了这一领域的强大潜力，要领跑对手林立的市场，立足疗效固然关键，创新产品力外延在突围之战中更是必不可少。

因此，东药人决定在倡导肠道安全用药的同时向所有肠道用药宣战，制定出“治肠不伤肠”的产品策略，从成分到治疗机理都在诉求着“安

全”，以“新一代肠道安全用药”的理念颠覆传统用药观念，以“疗效好、更安全”直接给患者以科技信赖，拉近产品与消费者的距离，让那些长期使用传统肠道用药的消费者产生心理动摇，转而青睐整肠生。

3. 策划力：整合策略，概念先行

在分析肠道用药市场格局之后，策划团队并没有把整肠生与同类微生态竞品作为最大竞争对手，而是将主要竞争目标对准了抗生素，以此为契机，在倡导肠道安全用药的同时向所有肠道药宣战，提出“安全用药，共建肠道和谐”。鉴于目前肠道用药市场尚处于混战状态，整肠生率先大力倡导“肠道用药急需升级换代”的创新概念，在“升级换代”中掀起一场科技战、概念战，抢占先机，顺势成为领军品牌。

众所周知，湖南、湖北是医药流通的重点市场，全国性医药商业公司较多，网络发达，可以将产品迅速辐射到全国各地。但这里同时也是品牌产品最难以管控的市场。整肠生希望通过系列营销组合拳，规范市场行为，优化渠道网络管理，与经销商、零售商实现“三赢”的目的。经过详细的市场考察，整肠生确定从多个区域突围，确立启动试点市场的推广主线为：以事件推广为主旋律，拉开产品新传播模式序幕，通过阶段性策略掀起3轮事件冲击波；启动整肠生“蓝色风暴”工程，始终灌输“整肠生12年品质如金”的基本策略，配合高空电视、报纸平面展开猛烈攻势，以期迅速成为区域第一品牌。新的营销模式注重终端建设和社区推广，改变了过去的单一模式，将产品做深做透，打一场“终端突击战”“品牌歼灭战”。

4. 执行力：试水样板模式，构建渠道终端

一直以来，整肠生在国内有多个业绩突出的市场，而且每年呈稳步递增趋势。按照整肠生的“三级跳”战略部署，2006年的重点是做好新试点运作。经过详细的市场考察，确定从“多个区域”突围，确立新的营销框架，启动营销试点市场。

桑迪咨询在对整肠生原有的渠道政策分析后发现，过去整肠生只对多数医药批发单位发货，至于产品流向，并不十分清楚，无法有效了解来自终端和消费者的信息反馈，企业无法制定对应的营销策略。这与企业大力度打广告、精细化做市场的战略思想不相匹配，以武汉九州通、沈阳康大等为代表的商业公司，都是主要面向省级平价大药房、连锁药店和第三终端，“整肠生”除了在华南、华东、东北、西南等多个区域省会城市的铺货率较高外，在广大二、三级市场，甚至多数第三终端市场也存在相当的铺货率，网络相对来说十分健全。为了配合企业的广告投放、终端促销，桑迪建议整肠生应进行渠道的多元化建设与管理，构筑完善的分销体系，向 OTC、临床、第三终端等市场深耕细作转型，把开辟空白市场、空白渠道作为销售增量的重点，在全国形成合围之势，最终构建全国强势终端网络。

与此同时，为了进一步加大终端的推广力度，强化产品在终端的品牌优势，应对目前品牌药品普遍存在的在终端被拦截的现象，桑迪咨询公司的人员建议整肠生制定新的终端战术，通过多种活动，密切客情关系，将药店及营业员的积极性充分调动起来，以应对渠道和终端的竞争。

5. 传播力：幽默风格，演绎传奇

东北人特有的热情、善良、幽默给了大众深刻的印象，整肠生来自东北，自然应该表现这一鲜明的优秀特质，然而，作为药品，其科学性、严肃性必不可少。如何将两者完美结合，在幽默广告调性中让受众准确地接受整肠生高品质的信息？为了配合整肠生的品牌推广，在深刻挖掘产品的品牌内涵后，整肠生找到了适合自身阶段性的产品代言人、著名的广告明星——许晓力。作为曾经的步步高无绳电话的代言人，许晓力幽默而夸张的形象在观众中留下了难以磨灭的印象，提及那则广告大家都耳熟能详，

与观众之间的距离感非常近。整肠生作为一种肠道药，其核心利益点是解决百姓常见的“腹泻、腹胀、老肠炎”问题，很生活化，许晓力代言整肠生，在此阶段可以迅速提升产品知名度，更容易加深消费者印象，进而扩大消费群体，实现量的突破。

在整肠生的平面和电视广告中，许晓力拿着整肠生胶囊，做着“OK”手势的幽默形象一定会在消费者脑海中烙下深刻印象。再配合平面广告的软性传播，相信消费者在遇到这类肠道疾病时，就会想到许晓力，想到整肠生。

2006 年开始，整肠生许晓力版电视广告已在多家央视、卫视及一些重点省市电视台连续播出，随后的几年里，整肠生的高空媒体投放进一步加大。近年来，更是在网络营销的新媒体领域取得可喜成绩。

6. 品牌力

作为大型药企旗下的知名产品，整肠生走的是品牌营销之路，东药集团沈阳一药在增加整肠生销量的基础上，打造企业更大的销售平台，实现企业质的飞跃。根据桑迪六力营销理念，将产品力、决策力、企划力、执行力、传播力与品牌力有机整合，实现了企业长远的品牌战略目标。东药集团沈阳一药在“六力”方面各有成就，而且保持不断创新的竞争优势，因此沈阳一药借助整肠生的品牌资源积累，使这个老品牌真正成为肠道药市场的领导品牌，并借此打响东药集团的 OTC 品牌。

整肠生 12 年所积累起来的知名度和信誉度，是后上市的众多肠道药无法相比的。2006 年整肠生向肠道药市场发起的新一轮冲击，经过了缜密的市场调查和对以往的产品策略进行了重大调整，产品概念也进一步升级，以“安全”和“升级换代”的概念来改变肠道疾病的用药传统，通过建设新的产品渠道来构筑完善的分销体系，通过多种媒体组合投放、事件行销活动、终端推广政策，力争让整肠生在肠道用药中脱颖而出，抢占先机，成为了新一代肠道用药的领军品牌。

附 录

知名企业家谈六力营销

新形势、新机遇、新挑战

王锦霞　中国医药商业协会原副会长、
国家发改委药品价格评审中心专家

目前医药流通行业正处于高速发展和面临转型的时期，行业的重新洗牌，企业的兼并重组，都诠释着做大做强的主旋律，面对新形势、新机遇、新挑战，我们建议医药企业要注意以下几点。

1. 找准企业定位，正确应对政策变化

新医改下医药市场机制得到了强化，药企必须在变革中找准定位，走

资源整合的品牌化发展道路。如云南白药走伤科圣药的道路、康美药业的中药饮片等，都是充分发挥其资源优势，打造细分市场品牌的典范。

2. 认清市场趋势，把握合作机会

随着全球化进程的加速，医药企业的技术研发要求也越来越高，根据市场趋势，把握业内合作机会是企业做大做强的关键。如山西振东制药在转型大健康中，与国内多家科研院所合作，致力于研发家庭护理类产品；上海复星医药与多家著名科研院所和公司合作，创建创新研发新模式，共同开发具有国际专利授权的抗肿瘤创新药物等。

3. 创造需求，实现全渠道销售

新媒体的兴起丰富了企业的营销手段，也意味着企业要给顾客提供更多、更便利的购物体验，如阿迪达斯在实体店里安装了数字鞋架，消费者可在数字货架上浏览产品信息、选择产品，减少了在实体店因断码或缺货引起的烦恼，而包括亚马逊、京东等线上的电商却也打算开设地面体验店，这也意味着将来线上网店和地面实体店的边界将越来越模糊，全渠道销售成为了必然趋势。

如何提升医药品牌传播力

传播力归根结底来自传播的内容，只有原创的、富有个性的、有吸引力的传播内容才是对受众有价值的，才能产生好的传播效果，对企业才是有价值的。随着人们媒体接触习惯的改变，医药品牌在传播上更应该推陈出新，迎合消费者的阅读喜好，以下两种方式可以借鉴。

1. 影视剧植入式广告

植入式广告比较隐蔽，也被称为嵌入式广告，是将产品或品牌融入影

陶剑虹　CFDA 南方医药经济研究所副所长

视作品，潜移默化地作用于观众意识的宣传手法，它悄无声息地将产品和品牌形象等信息传达给每一个影视作品受众，让大众在对影视剧本身津津乐道的同时接受广告，继而达到营销的目的。影视剧的创作在剧本阶段就要比较系统地考虑广告植入，药品品牌在选择影视剧题材时，企业要先和制片方或中间媒介公司进行植入项目的整体构思、策划，选择的题材必须与产品有关联性，可以使受众产生联想和品牌记忆。东阿阿胶借势《甄嬛传》股票反跌为升就是一个很好的例子。阿胶从该剧第九集开始登场，并且出现的频率越来越高，不但剧中的嫔妃、宫女、太医都在念叨，主要人物都吃过，甚至连皇帝赏赐中也出现了有“东阿阿胶”LOGO（标志）的盒子，俨然成为了“后宫神物”。随着《甄嬛传》收视率的节节攀升，东阿阿胶的股价也反跌为升，不断上涨。

2. 创意制造差异化广告

近年来医药行业同质化竞争严重，医药企业在广告内容方面很容易雷同，原因就在于产品的功效、受众、调性往往相差无几，因此，药品广告的创意就成为了区隔竞品的一大课题。医药行业需要细微敏感地抓住受众的身心感受，以感性的方式表达和满足消费者的理性需求。丽珠得乐以伤感的故事、受伤的刚强与容易受伤的广告主题紧密关联着胃病患者的情感，以意想不到的结尾冲击刺激着消费者的心智，打破一般胃药表现胃痛、胃酸、胃胀的场景模式，增强记忆。

洞察市场，亮剑终端

谢子龙　老百姓集团董事长

目前的医药零售终端主要有以下三个特点。

1. 终端营销越来越集中在连锁药店

2013 年，百强药店的销售总额首次突破 1000 亿元，占药品总市场的 4 成，并继续保持两位数增长。

2. 新版 GSP（《药品经营质量管理规范》）监管造就零售药店强者更强

根据原 SFDA（中国国家食品和药品监督管理局）的调查，预计仅有 30% 的批发企业、20% 的零售企业可通过新版 GSP 认证。新版 GSP 监管将推动行业洗牌，提高行业集中度，推动行业规范化，造就零售药店强者更强。

3. 零售终端战略厂商规模集中化

老百姓集团通过专业营销、会员精准营销等方式与厂商共同发力，打造一支结构合理、合作紧密的厂商梯队。

在厂商协作越来越紧密、市场竞争越来越白热化、消费需求越来越多样化的今天，连锁药店必须学会洞察市场和需求，在终端做好全方位铺货和一站式服务。

（1）在慢病管理方面

要加强医药服务的专业化，找到切入点，打造样板店，制定标准，持续推进。

（2）在治胃病——大健康方面

加强品牌合作，通过厂商联动，突破传统焦点“鱼、卵、钙”等成分的模式，转为更加关注消费者人群需求区分，结合功能性品种特点，精准营销。

（3）在健康日常快消品方面

开展以品牌为主导的销售模式，重功效分类，针对不同病症划分对应产品，同时进行关联推荐，全方位解决顾客从治疗到日常护理的一站式需求。

在营销过程中，药店可采取的手段如下。

①建立会员制度，完善会员资料。在会员的管理上，基础是管理体系，要点是氛围的布置，关键是营销操作，目的是来客提升，核心是社区包装。

②借助公益活动。使消费者对企业的产品或服务产生好感，促进产品销售，提高品牌知名度和美誉度。

③结合热点营销。及时抓住广受关注的社会新闻、事件以及人物的明星效应等，开展一系列相关活动。

④在电商营销方面，要遵循“搜索即运营”“爆款即流量”“服务即口碑”的三大原则扩大市场。

药店要与品牌厂家合作共赢

刘树林　九州通集团董事局副主席

目前九州通的医药商业领域品种构成是按3:3:3:1设计的，如品牌药占30%，高毛利药占30%，其他药品占30%，非药品占10%。医药行业未来是品牌的时代，品牌活在消费者心里，产品就能活在货架和物流链中。总体而言，医药企业品牌产品特点有以下几个方面。

1. 产品功效显著

产品力是医药营销的关键，这决定着该产品的销售量、周转率、指名率等。消费者最看重的是功效。很多中成药产品效果好，但是见效慢，这就需要营销人员进行市场教育，采用按疗程捆绑式营销，让消费者感受功效。

2. 产品知名度高

产品的知名度有的源自自身，有的借力生产企业的品牌，也有的两者兼备。如医药生产企业品牌：哈药集团、白云山制药等；医药产品品牌则如：云南白药、999 感冒灵等；两者兼备的如：阿胶补血颗粒、复方阿胶浆等系列产品、云南白药系列产品。

3. 消费者的认知与信赖：吸引消费者重复购买的能力

当产品的产品力满足了消费者心理预期的时候，通过品牌文化的推广留住消费者的品牌忠诚，形成重复购买，是企业品牌长期规划的必经之路。

4. 较高的产品市场占有率：品质优秀具备连锁效益

在医药界，很多产品的品牌往往具有地域性。品牌则意味着较高的产品市场占有率，在各地域的铺货能够满足连锁效益，才能够获得连锁药店的青睐。

5. 较高的指定购买率

好的产品品牌一旦被消费者认可，形成指定购买率则是必然，如云南白药在消费者心目中和伤科圣药画上了等号，白云山板蓝根颗粒在消费者心智中和抗感冒画上了等号。

全民健康需求，产业发展机遇

中央响应习主席号召，倡导“中国梦”。而对于医药行业来说，“中国梦”就是“健康梦”！如今人类的杀手不是疫病、天灾，而是慢病。在世界上，慢病致死概率占到 13%，而中国则达到了 80%，中国的健康产业亟待升级！

大健康产业实际包含医药产业和健康产业两大部分，单一的方面不能准确地定义大健康产业。人们对待健康有更高层次的需求，未来大健康产

郭振宇　滇虹药业董事长、总裁

业的发展就拥有更加广阔的空间。

医药企业家在大健康时代要拥有非凡的“谋与断”，借大健康机遇继续企业梦想，因此，企业家要懂营销，要给自己的企业和产品作出独特的定位。产品力是市场竞争的必要条件，归根结底是由核心、形式、附加三者组成。

1. 产品的核心

体现产品的属性，满足消费者的需求。消费者的需求分为使用需求、心理需求、潜在需求。当你能够觉察出消费者对于美的潜在需求，并牢牢掌握就达到了产品力的最高境界，品牌也由此产生。

2. 产品的形式

产品的形式包括产品的包装、表现形式、设计等，要满足消费者想象力，对目标消费群产生额外吸引力。

3. 产品的附加

通过“人无我有，人有我优”的独特卖点，告诉消费者，你给予的超乎其想象，就能在目标消费群体中形成持久吸引，形成品牌依赖感。

目前很多药企都会遭遇招商困局、终端困局的营销瓶颈，大家都在营销推广上创新突破，却很少关注营销的根本——产品。产品力的核心是满足消费者需求。医药营销的基础是产品力，一切产品力的提升和研发都源于对需求的更精确把握与更完美的满足。产品力是医药健康企业品牌建设的关键，也是各个营销环节得以优化的保障。

提升企业执行力

李安平　山西振东集团董事长

通过阐述振东“细、实、快”的作风，李院长表示企业执行力的提升可从以下三个方面来实现。

1. 完善规章制度，搭建组织结构

好的执行力需要明晰的组织架构，以明确管理层的责、权、利。任何一件事情都不是独立存在，也不可能“凭空”解决的，而要在一定的条件下与平台上才能得到解决。可通过建立科学合理的运行机制（政策、制度、方案措施、监控体系等）维护和协调组织系统的运作，为顺利开展工作提供条件。树立“每个员工都是企业的主人”的观念，调动员工的积极

性，鼓励员工真诚沟通、各司其职、优势互补。

2. 关注细节，寻找差距，时时改进，不断提升

细节决定成败！尤其是当实力和竞争对手旗鼓相当时，往往一方“差之毫厘”的优势，就能把对手甩到千里之外。同样是六味地黄丸，同仁堂以“百年老字号”的品牌积淀赢得了消费者信赖，仲景以“道地药材”的原料差异切割了半个市场，九芝堂以“治肾亏、不含糖”的制作工艺差异细分了一部分人群，关注细节、寻找差距，才能让企业在市场上脱颖而出。

3. 建立有效的绩效激励体系

有效的绩效激励体系是企业保证团队执行力的源泉，企业善于设计科学的“利润分享”激励模型，将员工的收益、奖金和销售额的核心指标、企业的发展规划捆绑在一起，必然能够让员工从“要我做”的被动境界转变为“我要做”的主动境界。

老字号品牌如何扭亏为赢

中国医药企业中不乏百年老字号的品牌企业，然而由于地域及自身实力的限制，普遍存在着小规模、老化的缺陷，如何在新的医药形势下实现扭亏为赢，我总结出以下四个策略。

1. 围绕战略重塑品牌，战略融入品牌

如上海的雷允上，通过将重新构建的“绿色安全、名医名药、服务健康”的品牌理念融入到公司的经营模式中，从单纯的产品营销转型为品牌营销，让“现代制造、雷氏中药”的形象为社会所接受，为做大做强上海中药奠定了良好的基础。

陈保华　上海保健品行业协会会长

2. 围绕品牌重组资产，资产提升品牌

如上药集团，以“三花”抗生素的市场品牌为核心，实施供应链战略，建立原料、生产、销售和商业上下游经营联盟，形成成本和价格竞争优势，继而全面提升企业的品牌形象。

3. 围绕市场经营品牌，市场展示品牌

品牌是名称、符号、标志和设计，独特的品牌设计能够为企业的品牌赢得广泛关注。如仲景牌、同仁堂等企业的品牌设计，给消费者留下了深刻印象和良好的品牌联想。

4. 围绕品牌投入科研，科研支持品牌

如上海交大昂立股份有限公司，在保健品行业始终坚持遵循以技术为依托、以产品为载体的发展战略，经过近20年的这种稳健的经营方式，其推出的昂立心邦、昂立一号、昂立西洋参等系列品牌获得了很好的市场效益，颇值得保健品企业学习、借鉴。

产品价值决定产品力

徐科一　广州白云山和黄中药总经理

产品力是医药的核心基础，是持久动销的竞争力，品牌力是靠产品力来支撑的，没有产品力的品牌只能昙花一现。

产品的核心定位决定着产品的品牌效果。如产品的确切疗效，即产品能满足消费者什么样的具体需求。板蓝根定位预防流感，口炎清定位治疗口腔炎症，复方丹参片定位治疗冠心病、心绞痛、胸闷、心悸等具体疾病。这些产品在研发过程中首先要界定好目标消费者，洞察目标消费心态，从消费者的心态和消费趋势中寻找产品概念并落实到产品设计中，如此则在产品推向市场的时候，口碑传播会让品牌力水到渠成。

产品的附加价值有利于建立各环节与产品之间的品牌联系。以白云山复方丹参片为例，国家低价药目录开放后，良好的价格体系可以保证渠道各环节有利润和销售动力；良好的政策支持（如医保、国家基药目录等）可以降低消费者用药成本；宣传片“关爱老年痴呆患者，让爱回家”的情感诉求宣扬了中国传统孝文化，引起消费者共鸣。由此形成的良好口碑，反作用于消费者的主动购买率，形成良性循环。总之，产品的核心价值和附加价值共同构成了医药工业产品的产品力，产品力支撑着企业的品牌力，品牌力驱动着产品的销售力。

领导者激发员工执行力的“个性化关怀”

李耀　西安杨森副总裁

1. 让每个人都感到受重视

马斯洛的需求金字塔告诉我们，任何人都有一个最高等级的心理需求——自我实现！领导者想要激发员工的执行力，为员工提供一个实现自我价值的平台是必不可少的，换句话说，只有领导者向员工表现出尊敬、期望，员工才能真正感觉到自己是“被需要的、受重视的”！这种“以人为本”的管理文化成功地帮助不少企业凝聚了员工的力量。如桂林三金集团，董事长邹节明几十年如一日地践行“以人本为纲”的管理理念，每天都和员工一起在食堂吃饭，聆听员工的想法与需求，注重提高员工素质，不断改善员工生活，帮助三金成功实现了“四级跳”，吸引了优秀人才加盟，更营造了三金员工“忠诚”的企业传统。

2. 发掘员工具备的独特技能和能力

发掘员工具备的独特技能和能力是每个领导者必备的素质。因此，领导者需要一双“火眼金睛”，善于发现员工的长处，将其摆放到与其能力相匹配的职位上去，量体裁衣，量才适用，用人所长，避其所短，帮助员工实现价值，也确保了企业的执行力。无论是月下追韩信的萧何，还是唯才所宜的曹操，从古至今，因知人善任而被称颂的佳话数不胜数。近两年部分医药企业出现大量人员流动的现象，人员一旦过度流动，不仅会带走技术、市场、客户等各种资源，甚至会对药企的核心技术和业务发展带来威胁。所以，药企领导者更应该发掘人才、尊重人才、关心人才、爱护人才，增强员工对药企的认同感，提高药企凝聚力。

3. 进行持续而有意义的沟通

我们在企业管理中往往会发现，尽管领导者最初的构想和策略很完美，但最后团队落实的结果却与之大相径庭，究其原因，是中间的沟通衔接环节出了问题。因此，持续而有效地沟通是保证企业执行不偏离策略的重要途径。领导者和执行者之间沟通时要尽量避免啰唆重复的无效信息，而要言简意赅地就重点内容、彼此关心的问题进行商讨，通过良好的内部沟通，企业运营效率才能得到有效的提升。哈药集团董事长张利君一直奉行简洁有效的沟通作风，在工作汇报时严格控制会议时间，要求员工必须在半小时内将所有内容讲完，这样的风格成就了整个哈药团队的高效执行力。

目标管理的五大技巧

1. 制定的目标必须明确

团队在执行中一定要明确任务目标，只有制定了明确的目标，才能有

阮鸿献　云南鸿翔一心堂药业（集团）董事长兼总经理

前进的动力和克服困难的决心。而在目标的执行中，切忌贪多务得，必须根据企业的实际情况突出唯一一个重要目标。如天士力集团，最初是以大健康产业为主线的目标策略，通过保健品、健康食品等打开市场渠道，进而以制药业为中心，发展为涵盖科研、种植、提取、制剂、营销等的高科技企业集团。

2. 制定的目标可以量化

领导者要有能够将执行工作的重点集中在少数几项的能力，即善于把握主次矛盾的能力，培养全局的战略观。只有具备全局的战略眼光，才能分清轻重缓急，抓住重点，通过复杂的市场表象，明确执行目标和先后顺序，让员工在执行中掌握方向，资源运用获得最佳成效，从而有条不紊地指挥整个团队攻克难关。否则，员工可能会因为争夺资源，使计划停滞，因此，在执行的过程中，领导者应该从新的角度厘清优先顺序，列出最多3～4个优先执行的重点，并根据领导者的跟进，制定后续方案，确定每个人都能够切实执行任务。

3. 实现此目标和其他目标必须关联

随着大健康进程的加快，药企经营的市场范围也在不断扩展，因此，企业在执行过程中，不仅要以个体品牌取得胜利为目标，还要在特许权、资产组合和企业层面上获胜。如专注糖尿病医护领域的罗氏公司以其HER2（重要的乳腺癌预后判断因子）乳腺癌药物Herceptin（赫塞汀）、刚出现的HER2特许经营权以及整个肿瘤药品系列赢得竞争，而且进一步提高其在肿瘤学领域的行业领先地位。再如，百健公司20年里一直专注于多发性硬化，因而获得了行业最稳健的多发性硬化特许经营权，以帮助持续管理这种衰竭性的疾病。在多个层次上竞争可以为企业提供许多优势，包括改善利益相关方关系、更多的产品组合机会以及提高经营效率。

4. 实现目标的时限性

医药行业是受政策影响明显的领域，因此企业的执行目标需要根据企业的业务发展情况、医药大环境的变化不断进行调整，如在医改进入深水区的基药利润空间压缩，大健康行业成为朝阳行业而兴起的今天，广药集团紧抓时机，借助王老吉凉茶的成功，成立王老吉大健康产业公司，依托广药集团多年的医药生产标准和资源优势，必将在大健康领域展开新的拳脚！

后　记

1. 企业做强做大，需要什么给力

20 世纪 90 年代初流行的电子策划，让一些企业走出了困境；21 世纪，互联网的兴起让市场营销的环境变得前所未有得复杂，随着新媒体的介入和消费观念的趋于理性成熟，单靠点子、策划挽救一个企业或一个产品的时代也由此画上了句号。知行结合，与时俱进，作为十余年营销咨询机构，历经市场的风云变幻，桑迪咨询首创的六力营销理论在接受实战考验的同时也在不断完善以适应时代发展的需要。在革故鼎新的过程中，我们一直在思考，企业要做强做大，到底需要什么给力？

美国管理学家彼得提出的“木桶原理”：木桶的储水量取决于最短板的长度。这一理论曾被管理学界奉为经典，最初在策划咨询界、广告界也非常流行，然而随着市场竞争的加剧，“木桶理论”似乎在其深度上显得越来越苍白。而实际上，经典终究是经典，通过温故的方式也能够达到“知新”的效果。以下是笔者的个人感想，在此与读者分享，以求抛砖引玉之效。

如果将企业的利润比作水，那么六力则是组成盛水木桶的六大工具，木桶里的水是否会流出来，则取决于企业营销六力的强弱。

木桶之所以会漏水，要么是木桶的底板出现漏洞，要么是木桶的箍圈不够牢固。我们将木桶的底板比作产品力，在互联网舆论横行的当今，如果企业的这一底板出现漏洞，即使能够暂时性地盛放一些水，也会在不知不觉中漏掉，无法长久保存。

企业的决策力则好比木桶的箍圈，虽然我们不能直观地看到它盛水的作用，而一旦它不够严密，不能很好地兼顾到其他五个方面，则会导致所有木板无法衔接，漏洞百出，一盘散沙，最后木桶废弃的结果自然也不得而知了。

品牌力则与木桶的提手功能相仿，没有品牌力而其他的五个力完整无恙，尽管也能将木桶提起来，却未免吃力些，也大大降低了企业挑水的速度。拥有品牌力，企业运营流程则能够事半功倍地展开。

企业的策划力、执行力、传播力的木板共同组成了木桶的中间部分，这三个板块间的关系是密不可分、互相配合的，策划必须顾及执行和传播的实际情况，而执行和传播则必须严格落实策划的目标和流程，三者之间的结构固定紧密、步调一致才能保证木桶整体的和谐和实用，若有一方出现短板或过长，除了会造成整体的不协调，更会浪费企业有限的资本。

综上，企业要做强做大，并不是简单地依靠某一面给力，重要的是六力整体统筹兼顾，紧密衔接，达到和谐的状态，才能稳步实现企业做强做大的梦！

2. 整合资源，六力营销是个系统工程

如上所述，在新的市场环境中企业需要面对的现实问题更加多样化、复杂化，企业或品牌需要的解决方案也必将是系统化的。正如中医区别于西医“头痛医头，脚痛医脚”的原理一样，六力营销诊断和建设的过程也是一个整合资源、内外兼修的系统过程。为便于企业能够系统评估、清晰分析出自身所占有的营销资源，并认识到其营销的优势和不足，从而客观地对待自己的企业和产品，我们将六力的诊断指数提供如下。

①决策力指数：包括企业决策层的行业经验与专业素养，企业决策者的处事风格与性格特征，决策者的决策依据与科学选择观、决策者的营销理念与管理水平，决策层的思维方式与决策效率、决策层的用人原则与协

调能力等。

②产品力指数：包括行业市场潜力与需求程度、产品的批准文号与相关学术研究成果、产品的显效性与功能诉求、产品的外观包装、产品自身的优势和独特卖点，产品的内涵与专业支持等。

③策划力指数：包括策划人员的专业素质与营销理念、策划案例、营销策略和创意能力、品牌及产品概念的整合与提炼核心价值的能力、营销策略的表现能力、营销传播的指导与运作的能力等。

④执行力指数：包括执行团队的构成与专业背景、执行团队的营销理念、执行团队的适应能力与执行力度、执行团队的协作能力、营销传播的推广能力等。

⑤传播力指数：包括传播媒体的覆盖率、时效性，传播团队的凝聚力与一致性，传播计划方案的严密度、传播的频次与时间段、传播的内容、调性与消费者心理契合度、传播模式与手段的创新能力等。

⑥品牌力指数：包括企业在国内的品牌影响力和形象力，企业在行业内的经验积累和品牌积累、品牌的整体战略规划及实施，品牌的核心理念构成及视觉表现，品牌的知名度、美誉度、忠诚度，品牌在消费者心目中的地位、与消费者的黏性等。

3. 动态平衡，不同的阶段不同的六力

六力营销不仅要求企业面面兼顾，还要求企业能够审时度势、因地制宜地灵活运用，在不同的发展阶段，根据企业自身的资源状况，采取不同的应对策略，重点发出不同的“力”。

创新性新品种，只需要前期保证产品力、策划力、执行力的到位，建立成熟的推广模式以实现成功打响企业或产品知名度的第一步。

产品上市初期，需要保持企业的知名度，提炼产品或企业的品牌核心价值，这就需要拥有强大的决策力、传播力和执行力来做支撑，保证开拓市场的决心和力度，维持不断运营投入的传播资本。

产品或品牌面临后来者的挑战时，企业需要保住先前的市场份额并且及时创新、改进不足，维持与消费者的沟通，这就必须保证产品力、策划力、执行力的到位，才能维持企业的长期发展。

当品牌面临突如其来的危机或恶意诽谤时，企业需要做的是有效地实现和消费者以及经销商的沟通，更需要团队保持高度统一的凝聚力和协调性，这就需要企业拥有当机立断的决策力和强大的执行力、传播力作为取得品牌保卫战成功的保障。

作为区域性品牌，由于具备相当的市场基础，想扩大市场或提升销量，则应该满足决策力、策划力、执行力、传播力的要求，方可再创市场新高。

如果要做大做强全国品牌，则需要六力齐发，但也要主次分明，方能以品牌制胜，造就更强大更成功的品牌力。

总之，企业的六力营销理论是一个维持动态平衡的过程，而非故步自封地套用公式。正如周易八卦因时因地而变化无穷的道理一样，六力营销也是一个排列组合的过程，它需要营销者灵活掌握形势，巧妙组合协调各方的能力，融会贯通地消化成自己企业独特的营销理念和模式，方能够在商场上得心应手地应变各种实战问题！

作　者

2015 年 2 月